Devenir un parisien

巴黎人要件

姚筱涵

文/攝影

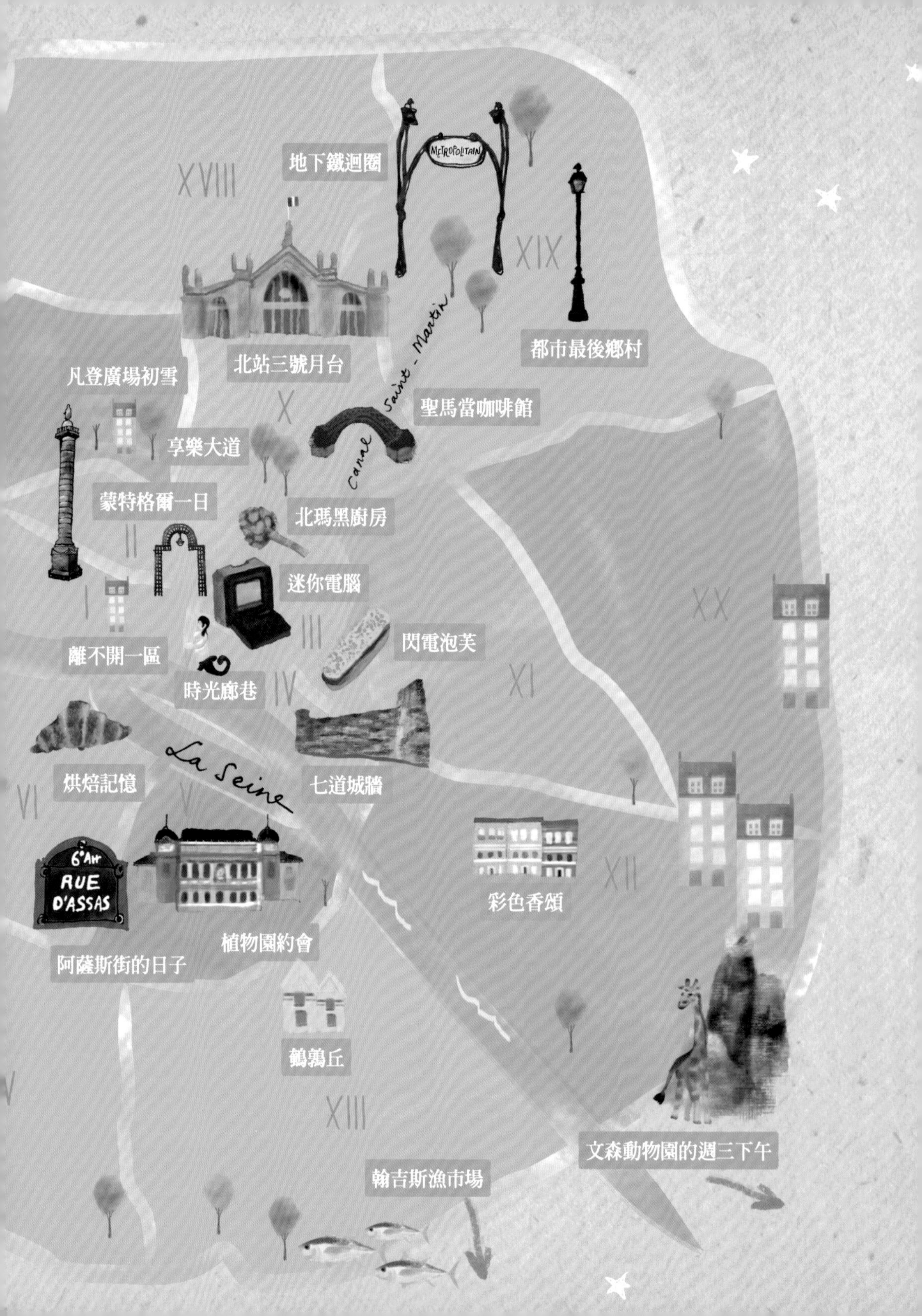
地下鐵迴圈
METROPOLITAIN
XVIII
XIX
北站三號月台
都市最後鄉村
凡登廣場初雪
Canal Saint_Martin
聖馬當咖啡館
X
享樂大道
蒙特格爾一日
北瑪黑廚房
II
迷你電腦
XX
I
III
閃電泡芙
離不開一區
時光廊巷
IV
XI
La Seine
烘焙記憶
七道城牆
VI
V
6e Arr
RUE
D'ASSAS
XII
彩色香頌
植物園約會
阿薩斯街的日子
鵪鶉丘
XIII
文森動物園的週三下午
翰吉斯漁市場

巴黎人要件

景點地圖

推薦序
茉莉巷

蘇打綠主唱　吳青峰

有一條巷子名字叫茉莉巷，在台南安平，詳細的路名記不得了，只記得是在我暱稱它蜜餞街中的某個巷弄。

一開始我是沒有注意到這條巷子的，但因為巷口有個小攤，賣皮革的，用皮革做了各式各樣的手環、皮包、紀念品等等在兜售，我這遊客被吸引了過去，於是在等候老闆為我的皮環加工時，注意到旁邊的巷口，掛著「茉莉巷」的牌子。這名字倒好聽，聽起來就很好聞的樣子，牌子的底是白色的，很適合這個巷名，亮眼、而又清新。

於是我在等待的時候，忍不住走了進去。入口是很優雅的，有點舊的牆，斑駁裡看得到某些地方露出的磚，不過很乾淨，像整整齊齊，不需要太多修飾就很漂亮的一個小姑娘。當下我想到了你，雖然也善於打扮，但其實是個不需要太多打扮就很漂亮的女孩。你有一種難以言喻的氣質，雖然你不會向我隱瞞什麼，但是你的眼睛很深，我老是愛跟你較勁，互相窺探彼次的深淺。

我第一次看到你是一頭長髮，並且閃動靈氣的黑，在一片淺金深紅的政大女孩中特別耀眼。一開始你靜靜地不說話，站在介紹你的朋友旁，我也跟著尷尬地禮貌起來。但因為我和朋友的聒噪，以及毫不留情的調侃，你也捐棄了你的文靜，其實你不是想那樣的吧，見到生人就閒話家常，對我們都是難事。不過這一開始的禮貌，倒變成日後的笑柄，因為至少我徹底不是文靜的料。

巷口進去一點，看似有戶人家，門是交錯貼緊的木條，薄弱但有不怕壞人攻進的架勢。裡頭我沒仔細看，因家門外的一排盆栽實在羅列得迷人。其實這些盆栽都不特別，平日在我們周遭都看得到的，但當他們一個一個不完全整齊，但又排排站的時候，倒也有趣，並且和茉莉巷的名號搭配得很好。這些盆栽星星點點地綠得很猛烈，沒有肥大的葉片，全是毛絲狀的姿態，和你柔軟的心很像。

我卻沒有深入研究茉莉巷的名稱，印象中也沒有聞到茉莉的花香。姑且不管它的名，總之這名絕不會亂取吧！這巷子目前不過三公尺，我已經按下了許多快門，在這短短三公尺中，隨便一角都像有三千詩，互相承接了跳躍性思考的拋物線，然後在這些無形的拋物線中，構成了一幅奇妙的氣氛，我看不懂，但我能感受那意境；如你寫的詩，我了解你要講的內容，但我無法拆開來解讀。

順著巷子拐了左彎，驚見三隻貓，毫不客氣的安坐。一隻在右邊靠牆的長凳上，另外兩隻在左側的地上，靠著對方。這裡的貓不怕人，不管我觀望他們、拍攝他們、甚至撫摸他們。他們的眼睛充滿著流動的靈氣，那是比詩人還敏感的心。他們要走要停不受我的牽引，我觸摸他們，也不因溫暖的手而有討好的模樣。

巷子這裡變成了兩列盆栽，或左或右各有風貌，這是貓的地盤，歡迎人們欣賞，不過不多作招待，能不能感受得靠自己。你有你自己獨特的方式，是沒有人可以取代的，能了解你的人，就是能了解的。有時候傷心的你，其實讓旁人更無措，就像我瞥見你的淚水，又該怎麼讓你忘卻那些不了解你的人呢？

這條巷子靜謐，但卻朝氣得像個小姑娘。裡頭待著三隻貓，看起來很老成，但卻和兩旁頑皮的細葉融合。我偶然來到了這條獨一無二的小巷子，有可能從此不愛其他巷子。這巷子安詳地坐落在此，靜靜地不說話，但一旦發現了，他和你的對話卻懾住人的心，然後驚嘆，這看來不過是平平凡凡、漂漂亮亮的一條巷，內在竟有這麼大的力量，如果沒有一顆細緻的心，又該怎麼經營呢？我想起了一張你給我看過的圖，裡頭的翅膀讓我想在這裡起飛，如果你在這，一定也會同意的。

如此一條巷子，竟是我安平最深的記憶。我想起你帶我走過的巴黎，那些觀光客非得拍照留念的標的物，如今都已記不太起輪廓，但在左拐右彎的碎石路上，在巷弄轉角的冰淇淋，在輝煌鐵塔下的一處歇腳的角落，在深夜河畔的捷徑，有你還有我的故事的記憶，才是最美的地標。

我想賣皮革的老闆早已忘了我，不如，讓我們在這裡起飛，飛到你這麼幾年用情感踏過的風光，傾心走進你蜿蜒的私人景點。

自序
穿越時空的小旅行

帶朋友遊覽巴黎時，我最感到疑惑的一個問題，大抵就是，「能不能帶我們去幾個妳的私房景點呢？」

並非我藏私，不願意分享一條看似不起眼實為過往城牆存在的痕跡、在春季時才開花的一株櫻花樹、亦或是舊公寓上著名建築師的簽名。我總想：「會不會比起在街道散步，他們更想去鐵塔前照相呢？」「如果照片裡盡是些植物覆蓋、叫不出名字的小徑，會不會使他們忘記曾經來過巴黎？」我越想越多，開始懷疑起他們是否會和我一樣，在踏入一條百年廊巷時感到悸動，又是否會對著路邊一塊八百年前的石磚激動不已？

於是我跟著他們去體驗一些所謂的巴黎印象，投卡德侯廣場觀望鐵塔，香榭大道馬路中央與凱旋門合影，瑪黑區排隊品嚐人氣小吃……對於初次來到這座城市的遊客來說是無可厚非的，甚至能說是一條必經之路。然而我心中對巴黎的私人情感，卻從未消失過。尋找這座城市中過往殘存下來的痕跡，逐漸成為了一種使命，那是只存在巴黎的獨家祕密，古老的小巷、樓房到國王建立的廣場，歷史融入了生活之中，隨時都能穿梭回到上個世紀般，是巴黎對於懷舊主義者最致命的吸引力。

每個人的巴黎經驗，都隨著拜訪這座城市的年紀、季節與環境緩緩地增長且變化。從左岸到右岸的日子，巴黎之於我已不能輕言用某個形容字詞帶過，它並非完美，甚至相當脆弱，它讓人眷戀，卻也不時令人感到疲乏，像一個看不見盡頭的迷宮，為了半路的美景駐留，卻也為了似乎遍尋不著出口而失落。掙扎、迷惘的靈魂，欲在此生存或逃離，卻都一次又一次地，掉入它的束縛，那就是巴黎的魔咒。想要掙脫，只能反覆磨練著成為巴黎人的要件。

這是一本適合第二次旅行巴黎，隨身帶著的散步指南，這也是一本無法出遠門時，憑藉著想像旅行巴黎的小書。它有巴黎多變的天氣，雨天、雪景，以及連綿不絕的陰天。它也有建構起城市風貌的各式微小模型，深夜雜貨店、魚市場、車站，與轉動的摩天輪。它更有城市裡的感情軌跡，那些堅持、流連以及無法開口的不捨。它告訴你如何於此生存的守則、規矩和習慣，讓你不只做個旅人，更能做一個巴黎人。這是在巴黎發生的人事物，也是我的巴黎私房景點，透過角色之間微小卻深刻的記憶場景，過往與現刻串連起來，組成巴黎的日常樣貌：一場能隨時出發的穿越時空小旅行。

我想像你可能在捷運上閱讀某個章節，開始計畫下一趟到巴黎一定要去十九區的木屋區走走。我也想像你也許會在某個下雨無法出門的天氣裡，吃著泡芙、聆聽雨聲，懷念你剛結束的那場單人旅行。這裡介紹的巴黎，可能並非你所熟悉的那一個，又或者與你所認識的那個同中有異，然而那即是巴黎的魅力，以任何角度解讀都適宜，古老卻也永遠新鮮，在懷舊裡緩慢地向前邁進。

都市最後鄉村

Dernière campagne en ville

很長一段時間我沒有再回到那棟小屋，或許是下意識的刻意迴避，或許它早已移出我的生活重心，隨著日常生活的推進，那段記憶被擱置在角落，找不到理由清掃它，也無法對誰開口，就這樣隨時間流過，長出了苔蘚。

季節走入盛夏的時候，終於有機會再回到那裡，我們稱為「森林」的小屋。薄弱的陽光自外穿透厚實的玻璃窗，看得見光線裡飛揚的灰塵。壁爐裡的塵埃在熄滅後就這麼囤積著，敲一敲便散落開來。使用過的玻璃杯、碗盤仍完好的擺放在架上，鏤空愛心形狀的小木椅依舊置放在它原本的位置，沒有被移動過。我走上二樓，牆上的機器人時鐘指針依然停止在他離開的兩點四十五分。這是穆札亞區（Mouzaïa）一個安靜的午後，我們再也回不去的起點。

地鐵七號線在西北端分出了支線，這條淡綠色地鐵線僅有八個停靠站，坐著有些老舊的座椅搖搖晃晃地來到波札里斯站（Botzaris）下車，便能來到這個名為穆札亞區的地方，巴黎最後的鄉村。

建築於十九世紀末，這個地區一共有兩百五十棟小屋，建造給當時於附近採石場工作的工人們居住。這座採石場出產的石材，有些被運送到美國做為建造白宮及自由女神之用，因此這裡偶爾也被稱為「美國村」。由於地下建有採石場的關係，為避免負荷過重，這些小屋的樓層高度均不超過兩層樓，隨著一條條平行的短小街道井然有序的建成，形成獨一無二的鄉間別墅景致。

他把雜物一件件從紙箱裡拿出來，將書本在架上按照大小排妥了順序，再把調味罐們擺放在廚房的流理檯上，洗了洗手，拿起檯面上的拭手巾擦乾。白色窗戶外頭，巴黎初秋的空氣已讓人感到些許寒意，卻是一個充滿陽光的日子。我把新買的紅色床單攤開來，鋪在二樓的雙人床上，塞好邊角，再將方形的枕頭擺好、鋪上厚厚的棉被與毛毯。走下樓來，將在雜貨店買的紫桔梗、白玫瑰花束自報紙中取出，放在透明花瓶裡，擺放在大理石壁爐的上方，放蕩樂隊的黑膠唱片在唱盤機上轉動著。

「苔蘚是怎麼樣的氣味呢？」他把新買的香氛蠟燭從盒子裡拿出來，用打火機點燃。我用力了吸了幾口氣。

「什麼都聞不到。」

「再等一下。」

我們一起坐在木桌旁看著燭火，過了幾分鐘，苔蘚獨有的味道已經逐漸能在空氣中被辨別出來。「好像躺在無人的海邊岩石上。一種潮濕、海水反覆沖刷過的味道。」我說。

「真的噢。」

「我們什麼時候能一起去看海呢？」

他蓬鬆的鬈髮像是海浪，瞇成一條線的細長眼睛隱含著沒有說出口的話。

「一定會有一天的。」

小屋在十九世紀設計之初經由建築師統一規畫：屋前一道窄小的柵門，入口大門處有一道鑄鐵玻璃的小天棚、幾個面對前廳花園的窗戶，而屋牆則使用紅磚瓦建構而成，如今已多半被居民重新油漆成別的顏色。屋外原有的私人道路亦被拆除，鋪建成大塊石板的道路；屋前的庭院裡，居民栽種的茉莉花、梧桐、常春藤、葡萄樹自道路兩側延伸出來，形成了一個浪漫無人的散步綠徑。偶爾一隻胖貓慵懶地躺在路上打著哈欠，似乎也懂得享受這無所事事的快樂。

在「森林」裡待再久也不覺得厭煩，關起木門與雙層玻璃窗，就如同與世隔絕。最多的時候我們一起坐在沙發上，看著劇情緩慢的高達電影作品，幾乎要睡著。下著雪的冬夜，聽完附近酒吧的現場表演回來，蓋著毛毯，坐在壁爐旁鏤空愛心形狀的小木椅上閱讀小說。吃一盤牛肉蓋飯的同時，閒聊著語言裡同義辭彙之間細微的差別。

「所以說，異鄉人和異鄉的人有什麼差別呢？」我問。

「在講到異鄉人時，強調的是彼此的差別，這個人對我而言與我不同，是個異鄉人。而異鄉的人，則是客觀地描述一個事實，這是個異鄉的人，聽起來也比較不刺耳。」

「原來是這樣。」

「被稱為異鄉人時，與對方的距離感會被無限的放大，然而若被稱為異鄉的人，就像淡淡的背景音樂一樣，彷彿不是特別重要的介紹。」

他眨了眨眼睛，然後走到唱盤機旁，放入了放蕩樂隊的黑膠唱盤。

「如果以後想起異鄉人的時候，可以聽這首歌。」

他微笑著，彷彿已經預料到有這麼一天。

偶爾天氣好的時候，我們便到附近散步。穆札亞區地勢高低起伏，時有許多小坡路，有時被兩側小屋色彩濃厚的可愛裝飾所吸引，一失神就容易迷了路。沿著穆札亞街（Rue de Mouzaïa）走，兩側以「別墅」（Villa）為名的小坡路，大約有十幾條，均被藤蔓與花草植物所環繞，小屋也隨居民各自的裝潢，各有各的風情，單是信箱的形狀、顏色與名牌的標法，就能數出好幾十種，信步走著，便能想像每棟小屋背後不同的故事：那一個花園生氣蓬勃，還養著數隻貓咪的屋子，不時飄散出濃湯的香氣，想必住著一戶幸福的人家；而門前堆滿枯葉，腳踏車生鏽上鎖的那一個小屋，或許早已荒廢待售。亞爾薩斯別墅街（Villa d'Alsace）是其中最孤獨的一條，僅長四十三米，道路封閉在一個微微隆起的小上坡，「什麼樣的人居住在這裡

呢？」每次經過這條街時我們總不禁這麼揣測著。拐彎回頭，從穆札亞街走到平等街（Rue de l'Égalité）左轉，右手邊第一條是這個街區中最漂亮的亞力山大黎波別墅街（Villa Alexandre Ribot），磚牆與黑色雕花欄杆瀰漫著放鬆氣息，讓人暫時忘卻了身處城市的圍籬之中。

一路走到附近的秀蒙丘公園（Parc des Buttes Chaumont），這裡原是一座荒山，曾做為垃圾場、採石場之用，經過十九世紀時期改建，現是巴黎少見氣勢恢弘的坡地公園，若從高空俯瞰，高低起伏得像一座遊樂場。天氣很好的關係，到處充滿了慢跑、散步以及躺在草皮上曬太陽的人。我們走進一處巨大微暗的洞窟之中，光線透下來的開口，有一道人造瀑布將聖馬當運河的河水導至此處，一瀉而下，喧譁的水聲讓我們一時之間聽不清彼此的話語，只能把手圍起來在耳邊用力喊著。

「我……妳。」他說。

「你說什麼，我聽不見。」我疑惑的望著他。

「沒什麼。我們走吧。」

水聲在耳後逐漸縮小，緩緩地沿上坡經過吊橋往公園的湖心島——貝勒威德島（Île de la Belvédère）上走去，城市的遠景浮現眼前，我們來到公園的最高處，一座能遠眺巴黎市容的西比爾涼亭（Temple de la Sybille）。

「妳不覺得，如果太快抵達旅程終點站，就倘若失去了旅行的氛圍似的。」他

蹬著靴子，把雙手插在口袋中，看著涼亭下方湖中的水鴨。

「長途巴士雖然耗費時間，但在那樣的輕晃緩行之中，情緒也逐漸被放慢成適合假期的節奏，好不容易抵達目的地，以略帶疲憊的精神伸個懶腰說，終於到了！那一刻，旅行好像才真正開始。」

「是這樣的嘛？」我有點不置可否。

「但即使如此麻煩的啟程，旅程卻總是一眨眼就過完了。」話語中的感傷散發在被夕陽染成一片粉紅的天色之中，他的側臉似乎比平時更加蒼白，顯得越發憂鬱。

推開柵門的時候，他好像還在門後等我，家具也都還在它們原來的位置。我走到二樓，在床上躺了一會，時針依然停滯在他離開的那晚。我拿出菸草把它們捲好，在窗口點燃，他抽菸時的神情在眼前一閃而逝。在這裡發生的場景，終究也過了謝幕的時刻，一開始就訂下的期限，沒有上帝特別眷顧我們。而關於他的記憶，不知何時，也已像闇夜裡的燭火般孱弱，隨時都彷彿能熄滅。或許再經過多一些時間，時鐘能重新上了發條，壁爐的柴火能重新燃起，他的影子或可能再度出現在這裡。但我只是熄了菸走到樓下，從櫃子裡拿出化了一半積著灰塵的苔蘚蠟燭，重新點燃它。

那溫暖的光火，照耀出家具們的影子在牆上搖搖晃晃，久違的氣味打開了心底的鑰鎖，苔蘚覆蓋著岩石，就像記憶包圍著我的心，不發一語的時候，卻真確的感受著愛。

時光廊巷

Le passage du temps

巴黎的陽光是有額度的。某個早晨醒來，發現窗外天色呈現一片灰濛，厚重的雲層似乎再也不允許一絲光線穿透，就曉得今年的陽光額度已然用盡，剩餘的將是永無止境的冬日。

那樣的日子約莫發生在夏末秋初，一切周而復始的時刻。人們告別假期，回到這座城市裡各自的崗位上，大道兩側的梧桐樹開始落葉，小巷逐漸恢復過往的密度。然而這一切卻總像帶著幾許歎息：短暫的夏季宣告結束，漫長的寒冬即將來臨。

不如說這座城市永遠充滿著歎息的，處處瀰漫著懷舊的氣氛。十九世紀塞納省長奧斯曼男爵大改造下，開創了林蔭大道、下水道以及公園，並規定了建築物的密度與高度：四十五度斜角的灰藍色屋頂、米白牆面，二、三樓有著鑄鐵雕花陽台的「奧斯曼式建築」，構成了巴黎市中心主要風景，這些法定不能輕易改造的房屋，讓人能輕而易舉想像上個世紀的風情。而為了連接羅浮宮至巴黎歌劇院一帶，從十八世紀末起建有許多以鐵鑄玻璃天棚覆蓋的

「廊巷」，既是走廊也是巷道，眾多商店在其中開設，在尚未有水泥馬路的時代，穿著蓬蓬裙的貴婦們，雨天時便能無憂無慮的在裡面逛街，是現代百貨公司的前身。

巴黎的第一盞瓦斯燈便是在此點亮，輝煌時期曾多達數百條，至今僅存二十幾條的廊巷，是喚醒這座城市古老記憶的鑰匙，銜接在兩條大道之間，像是鮮為人知的祕密捷徑。對懷舊主義的人來說，它是通往上個世紀的時光機，在廊巷裡的老舊店鋪中找一本頁首有著手寫字跡的舊書、一張印有舊時艾菲爾鐵塔的明信片，一些不再使用的硬幣與泛黃的郵票，就等於找回一種過去。

懷舊靈魂在巴黎就像回到原生地，無處不感到快活。我向來喜歡在這座城市裡，尋找飄渺的歷史痕跡，蕭邦居住過的公寓、巴爾札克喜愛造訪的餐廳，與書本中的文人無形之間交錯，總讓人觸電般的著迷。走入一間座椅稀少，有著木頭吧台的咖啡館，牆壁泛黃而斑駁，幾排金屬杆上掛著皮夾克與長版大衣，鄰座翻閱巴黎人日報（*Parisien*）空氣飄散而來的油墨味，與隔桌刀叉底下醃漬鯡魚之間的存在感，是我解讀為巴黎人懷舊的一種形貌，懷念並固執著數十年來的一些小習慣，樂此不疲。從每個區域街坊每月不定期舉行的古物拍賣，到每週末熱鬧的凡夫跳蚤市場（Marché des puces Vanves），可見到巴黎人對舊物的熱愛，幾個手繪的碗盤、六〇年代明星照片、一只洋娃娃，一台仍可以用的老式相機，如果有點時間，老闆都

很樂意訴說每件物品背後的長串來歷。

廊巷是我的獨家小徑，即使只做為一個下班回家的短暫過道，五分鐘的時間，都能讓我有搭乘時光機的美麗錯覺，走在馬賽克瓷磚走道上，真實感受巴黎的歷史就在腳下。廊巷也是一個城市裡祕密的集寶遊戲，每造訪一條廊巷就有不同的驚喜。

錨廊巷（Passage del'Ancre），是這個陽光用完的秋天裡最後一抹繽紛。不如薇薇安廊巷（Galerie Vivienne）或全景巷（Passage Panorama）至今依舊生氣蓬勃，也不像布拉迪廊巷（Passage Brady）被印度餐廳所占據，完全變了樣，錨廊巷只是靜悄悄地存在了兩百多年，有如五線譜上一個拉長的休止符，提供繁忙的巴黎人一個稍事歇息的空間。

做為煤炭街（Rue Charbon）的延伸，錨廊巷連結了聖馬當街（Rue Saint-Martin）與托爾比勾街（Rue Turbigo）。這條小巷僅長不到兩百公尺，兩側亦十分狹隘，鮮少有路人經過，形成了它獨有的疏離氣氛，在聖馬當街的入口甚至是一道普通公寓的大門，不仔細注意便會錯過。未有玻璃天棚遮掩，少了一分廊巷的覆蓋感，取而代之的是直接落下的自然光線。一進到巷裡，就會瞭解它的魅力：有著綠色、紅色、黃色、橘色外牆，互相緊挨著的小公寓們，門口充滿綠意的植物、花朵茂盛的盆栽，散發著森林般的清香，並停靠著一輛顏色同樣鮮豔的單車。在巴黎統一的奧斯曼建築群中，它顯得格外獨特迷人。叫不出名字的藤蔓似乎已經攀爬了一段時間，看得出有人細心修剪過。巷中一間有著舊式招牌的雨傘店，還提供少見的傘類維修服務。

轉身離開錨廊巷，巴黎的天色依舊灰白，而翻湧上來的現實也依舊沉重，這一段五分鐘的空白，就是都市裡最後的喘息。我們所在巴黎已不如海明威所在的巴黎，生活不再單純，卻也從未簡單過。但或許我們仍能找到一份值得密藏的小幸福，在某條巷弄。

PEPS

七道城牆

Les sept enceintes

意識到的時候，我的周圍已儼然築起一道高聳而堅固的城牆。以面積不小的厚重石塊一層層砌好，那傀然的高度讓我望不著外頭，然而牆外未知的陌生世界並未具有更深的吸引力，只在城牆圍起來的範圍內遊走，那讓我感到極度安心。

古老城市不輕易為人接納，也不輕易接納他人，如京都，如北京，只因歷史的痕跡已如鐵絲網般扎成既定形狀，難以改變。十九世紀的台北亦曾是一座城牆圍繞的城市，在大稻埕與艋舺之間，築起過一公里長的石頭城牆，如今金山南路電信局附近，還保存有一段拆除後移置於此的城牆遺跡。

巴黎的任何角落都存在著一道隱形圍籬，畫分每個人的生活圈，人們緊守著界線，彼此安分地在界線之內交流，些微的越界就會引發不悅。住在一區的人不願意離開一區，住在小巴黎的人鮮少前往郊區，對大巴黎的人來說，移動到外省是一件足以影響人生的重大抉擇。只因在固定生活圈內，已有了常去的咖啡館、餐廳、酒吧，以及從小一起長大，能聊天、喝酒的朋友，不習於改變的法國人，認為離開是一件相當冒險的決定。即使在日常生活之中，沒有方法或運氣，也很難打入既定的社交圈，上司與下屬之間的關係需要嚴守，極少數能夠轉變成為朋友。這種根深蒂固的思考模式或許源自這座城市裡建構、拆毀，又再次建構的城牆，將巴黎人的生活範圍圈定起來，不斷地重新定義城市的界限，人們在範圍內尋找能與其條件符合的區域來定居，因而得到自身以及對他人的認同。權力核心也同樣往這個圓圈的中

央聚攏，如凱旋門矗立在星辰廣場的中央，而代表起點的西堤島則正好位在巴黎的中心。巴黎人的腦海，遂不停地由這些圓圈所勾勒出的範圍所占據著。

隨著城市擴張，七道著名的城牆在巴黎先後被建立起來。第一道高盧羅馬時代的城牆（Enceinte Gallo-Romaine）推定修建於西元四世紀，當時為防禦野蠻人入侵，以石頭在塞納河畔十五米內築起兩米高的防禦牆，並與當時的羅馬皇宮相連，即是現今西堤島上高等法院所在地。沿著西堤島近塞納河的花朵堤道（Quai aux Fleurs）彎進小巧的白鴿路（Rue de la Colombe）三號，能見到地面上與他處不同顏色的石頭路面，便是這段高盧羅馬城牆曾經聳然屹立的地方。

十至十一世紀，巴黎築起了第二道中世紀城牆（Enceinte médiévale），範圍僅存在於右岸，長、寬各二十米，約有三米高度，介於今日聖日耳曼洛賽華教堂與聖傑維教堂之間，關於這條城牆的紀錄稀少，直到近年位在希佛里路（Rue de Rivoli）與乾樹路（Rue del'Arbre-Sec）的遺跡被發現，才讓它的存在性正式確立。

奧古斯都城牆（Enceinte de Philippe Auguste）於十二世紀時修建，由石牆、城門及五百座圓柱形防禦塔所構成，有八塊石磚的厚度，高度約為九米，牆內以碎石、磚塊填塞，並加入水泥確保其穩固，包圍大約兩百五十二公頃的面積。當時法國正處於英法百年戰爭期間，法王菲力普二世在出發前往第三次十字軍東征之前，修建了這座城牆來保護巴黎。以塞納河為分界，為防禦來自西北邊的敵人，首先修建右

岸的城牆，再修建左岸的部分。並為了抵禦來自塞納河的攻擊，修建了一座小碉堡，這座碉堡即是今日羅浮宮的前身。中央主塔高三十二米，四面各有城牆守護，每片牆中央及轉角都各自擁有一座防禦塔，城外修築有一條護城河，大片遺跡與城堡完整模型都仍可在羅浮宮地下室參觀。奧古斯都城牆的遺跡遍及巴黎市中心，昔日的城牆成為如今建築物支牆，而塔樓則做為地下室樓梯之用，殘垣斷壁靜悄悄地在城市裡隱身喘息，已八百餘年。

進行設計學院期末畢業製作的準備期中，處理完每日進度後，我到市政廳附近一間時尚雜誌社做排版設計的工作。這間有著數十本刊物的權威雜誌社是一間家族企業公司，母親為總經理，長女負責主要同名雜誌，而長男，也就是我眼前的主編，負責我手裡這本以收集各品牌年度服裝系列聞名的雜誌。他有著濃密的落腮鬍，法文用字精確但有些不善言辭，帶有點孤僻感，每日騎腳踏車上下班。

主編辦公室位在穿越了擺滿過期雜誌的書櫃後方轉角，到處堆滿了雜物，音響裡播放著的是Serge Gainsbourg 的《*Je t'aime, moi non plus*》，標準法國嬉皮的叛逆精神。他看過我的作品集後，只問了我：「什麼時候有空開始排版？」並拿起襯衫口袋中的盒菸，抽出一支到窗口點燃。從他的辦公室往外看去，聖保羅公園街（Rue des Jardins Saint-Paul）上有著長長一道城牆遺跡，那該是奧古斯都城牆，附近中學的學生們聚集在旁邊的籃球場打球嬉戲，似乎誰也不曾留意城牆所投射下來八百年的

陰影。

在城市擴張之後，奧古斯都城牆已逐漸不敷使用，十四世紀時修建了第四道查理五世城牆（Enceinte de Charles V）取而代之，圍括了四百三十九公頃的面積，比前一次城牆所涵蓋的面積擴大了幾乎雙倍。六座城門上都有吊橋方便出入，並能在危急時候關閉。此次擴建亦同時修建了東面的巴士底碉堡，與西側的羅浮宮碉堡呼應，這座碉堡後來成為監禁政治犯的巴士底監獄之用，是法國大革命的誕生地。隨後路易十三將其西北面擴張，涵蓋入杜樂麗宮的範圍，修築起路易十三城牆（Enceinte de Louis XIII），因其泥土顏色的關係又常被稱為「黃色城牆」。它存在的時間不長，隨即被路易十四以破除城市界限為由給拆除，改建成林蔭散步大道，即是今日的大道區（Grands Boulevards），巴黎重新成為一座對外敞開的城市。儘管失去了城牆的實體，人們仍然習慣把這裡當作城市與郊區的分野，在心中謹守這條界線。而原本城牆上的城門，其中四座改為拱門式的凱旋門，以紀念戰爭勝利，至今仍有聖德尼門（Porte Saint-Denis）和聖馬當門（Porte Saint-Martin）可見。

「晚安，我要訂外賣。」主編撥了電話給時常訂購外送的日本餐廳。約莫十分鐘後，兩份有著鮭魚握壽司、鐵火捲、串燒，附洋菇味噌湯和蔬菜沙拉的套餐出現在我們面前，為了空出一些位置，我撥開他辦公桌上堆滿的時裝秀邀請卡、過期雜誌、影印文件與打樣稿件，一盒保險套被推擠得掉在地上。訂購壽司並非一種對我

釋出的友好善意，也無須解釋為高傲的法國人偶爾亦肯接受異國料理的恩賜，只是單純在時裝週忙碌的十來天之中，需要不停的接收與編輯攝影師現場拍攝的照片進行編排，我們都是仰賴這種方便易達的壽司套餐飽食。我一邊喝著加入了蘑菇片味道不怎麼純正的味噌湯，一邊將座椅轉向了窗邊，昏黃路燈下的城牆看起來顯得有些孤寂。

走出辦公室，穿過厚重的檔案資料夾與創刊以來擺滿整面牆的雜誌櫃，繞過外頭編輯們的辦公桌，刷卡通過保安大門，主編與我一同步行前往街角的咖啡館。我所在的這間時尚龍頭雜誌社，也在一道道城牆包圍之下，建構出一個不允許外人輕易入侵的圈子。然而內部的戰爭氣息並未比外頭薄弱，時尚圈生存的基本法則亦是如此，沒有永遠的朋友或敵人，在彼此互相打量的眼光下，每個人都互相忌妒著，卻又勢必說著好聽的言語，互相討好著。或許如此，主編才一個人負責這一系列以收編每季千餘種服裝設計為主的雜誌，從高級訂製服、男裝到成衣，手下只有負責排版的我和跑現場的攝影師。如此一來，他便能對手下的雜誌掌握最高的自由度，而且無須解讀任何複雜的眼神訊息。

雜誌社樓下的這條小巷，飄散著自助洗衣店傳來厚重而帶有濕度的氣味，在總是陰鬱的巴黎，格外讓人感到溫暖。夜幕中明亮得異常的自助洗衣店裡，幾台烘衣機正獨自運轉著，沒有人在裡頭。我們走進隔壁的咖啡館，要了兩杯黑咖啡。

在財政吃緊的狀態下，國王路易十六聽從大臣建議，於一七八五年下令建設巴黎第六道包稅人城牆（Mur des Fermiers généraux），再度將這座城市的範圍圈起，也加速了亡國的命運。長二十四公里，高三米的城牆，穿過目前蒙帕拿斯、投卡德侯、皮加爾、美麗城一帶，它將巴黎當時的行政區一區至十二區包含在內，而牆外的地方是巴黎人稱為「十三區」的郊區。沿著城牆有一條環形的軍用道路，並有護城河阻隔，並規定城牆兩百公尺內不得修蓋建築。這道城牆的經濟意義大於軍事防禦，進出牆上六十個關卡時，各式物品都要打上入市關稅，使得巴黎物價頓時飛漲，引發民怨。只要走出牆外，就有平價的食物與葡萄酒，讓農民、工人等階層的平民紛紛搬遷到城牆之外的郊區居住，蒙馬特便屬於當時的郊區，有著不用上稅的美酒與熱情的康康舞女郎，遂成為尋歡作樂者的天堂。這條短命的城牆，在法國大革命路易十六被斷頭後，也遭到拆除的命運。

「還在加班？」與主編相熟的酒保靠過來吧台的這一邊跟他搭話，這個時間，酒吧裡正開始熱絡起來，門口聚集了許多抽菸的男女，角落裡有一對正在熱吻的情侶。

「對，時裝週的時候總是這樣。」主編回答。

「什麼時候去度假放鬆一下？」

「八月應該有一個月假期。」

「真羨慕你啊，準備去哪裡呢？」

「留在這裡，哪裡也不去。」

「是嗎？我可要去科西嘉島度假呢，下個月天氣該要變好了吧！」他望著窗外陰鬱的天空。

「我也這麼希望。」他有點冷漠的說著。出生於巴黎市中心的主編，生活圈一直以雜誌社周遭為主，住家、常去的餐館、咖啡館都在附近，他似乎對於出門遠行不怎麼感興趣，他說：「對我來說，只有家裡到公司的範圍才是巴黎。我離不開這裡，在這裡生活對我來說就是最好的旅行。」他將飲盡的咖啡杯放置櫃台上，「這是妳的加班禮物。」他拿出一個形狀不規則的白色信封交給我，上面寫著「Christian Dior」時裝秀邀請函，然後走到外頭，取下鎖在街角的腳踏車，緩緩騎車離開，當時的我，做為巴黎人的資歷還太淺，沒能透徹他離不開巴黎的意涵。

梯也爾（Enceinte de Thiers）是巴黎最後一道城牆，由末代國王路易菲利浦一世建於一八四一年，強化的城門、碉堡與護城河，旨在保護巴黎不再如法俄戰爭時容易輕易淪陷。但隨著歷史演進，經歷世界大戰之後，傳統城牆已經毫無抵抗現代武器攻擊的能力，梯也爾城牆拆除後，沿線於一九九〇年代修建起一座環城大道（Boulevard Périphérique），總長三十五公里，它將巴黎擴張後的二十區範圍侷限起來，是目前巴黎人心目中真正的城市分界線，在這條大道內居住的人才能以巴黎人自居，出了這個範圍便不再是所謂的「巴黎」，而是郊區。這條環狀道路上共有三十四個開口，各以「門」（Porte）和通往的方向做為命名原則，比如凡爾賽門、克里雍庫爾門，藉此進出市區，並銜接高速公路，通往外省，今日巴黎的範圍便至此底定。

換上裙裝，噴灑品牌贊助的香水，我將主編送給我的邀請卡慎重的揣在懷裡，招了計程車趕往服裝秀現場。多年後的我終於明白，在這座隱形的城牆之中，一旦在它包覆之下，便走不出它的範圍，也不願意輕易離開。

北瑪黑廚房

Les cuisines au Marais du Nord

每週五深夜，我與一群朋友各自結束工作後，會聚集在北瑪黑的一家餐廳內，帶有工業風裝潢的餐廳已熄燈結束營業，我們圍坐在只有壁燈點亮的餐桌前，像是某種神聖的儀式，略帶疲憊卻有一絲興奮的等待著。

「準備好了嗎？」我將放在吧台底下寫著「冬季」的箱子取出，依序讓每個人從裡面隨機抽出紙條，我也抽了一張。這是我們幾個喜愛料理的朋友之間的約定：每週進行的廚藝競賽。賽琳是勒諾特廚藝學院（École Le Nôtre）出身，被三區一間小酒館聘任為主廚；皮耶爾是費宏迪餐飲學院（École Ferrandi）畢業，於一家出名的米其林三星餐廳擔任副廚；蘿拉是來自廚師世家，目前在藍帶餐飲學校（École Le Codon Bleu）短期進修，並出借家中餐廳的廚房讓我們使用；我則以設計師的美感與素人手藝來與專業廚師們班門弄斧。

這個廚藝競賽的起頭，源自於某個晚上，大家對於到底哪個餐飲學校比較優秀的爭辯，勒諾特與費宏迪學院向來是傳統上互別茅頭的兩大名校，而藍帶則在國際間相當出名，於是我們決定用真才實學來進行切磋，評審則是我們自己。按照時節區分的箱子裡滿是法國地方菜色的籤紙，隨機抽出一道菜餚，於隔天一同採購食材，如有需要可以提前進行醃製或烹煮的準備動作，週日中午進行正式競賽。直到菜餚上桌之前，都不能提到任何相關的話題，否則便提早出局。

在巴黎右岸，東西向以波布街（Rue Beaubourg）與博馬舍大道（Boulevard

Beaumarchais），南北向以布列塔尼街（Rue de Bretagne）與塞納河河堤之間圍成的區域被稱為瑪黑區，瑪黑（Marais）在法文裡是沼澤的意思，在十二世紀初期，這裡原是一片沼澤，十七世紀時，法王亨利四世在此修築了孚日廣場（Place des Vosges），帶動貴族遷入此區的風潮，形成瑪黑區貴族大宅林立的風貌，至今這些有著法式花園的大宅多半成為博物館，如卡納瓦雷宅邸（Hôtel Carnavalet）改建為巴黎歷史博物館，鹽宅（Hôtel Salé）為畢卡索美術館使用。在路易十四興建凡爾賽宮，並將貴族們一併遷往之後，瑪黑區因而落沒，便宜的租金遂吸引許多藝術家及工匠到此開店，是現今獨立小店遍布的先聲。

如果從地鐵聖保羅站（Saint-Paul）出來，沿著法蘭克布爾喬亞街（Rue des Francs-Bourgeois）走，這一帶的瑪黑區林立眾多獨立設計師小店與中價位服飾品牌，是逛街的好去處。週日也營業的關係，每到週末人群總是擠得車水馬龍。早期引進眾多前衛服飾品牌的挑選概念店始祖「尖兵」（L'Eclaireur），是時尚人士必要朝聖的名店，除了慧眼獨具挑選的名品之外，光是建築物的內部裝潢就值得流連。繼續往北走，過了波圖街（Rue de Poitou）之後，四周的風景會突然安靜下來，剩下隱密的宅邸與窄小的巷弄，彷彿找回了往昔的貴族情懷，這裡就是北瑪黑。

在巴黎久居的人，多半都會練得一手好廚藝。實因在法國上餐館吃一頓飯耗費時間過長，前菜、主菜、甜點的上菜程序需要按照每位客人用餐速度來遵守，而漫

不經心盤算著盡快下班的服務生，也總是忘記送上帳單，結帳往往又需再等上半小時。若只是為了解決一餐，到超市添購食材回家調理，不僅節省時間，更能藉機認識各種新鮮食材。對於喜愛烹飪的人來說，北瑪黑是再理想不過的地點。布列塔尼街（Rue Bretagne）是著名的食器街，生蠔刀、蝸牛鉗、雞骨剪刀、乳酪刨絲器以及各種蛋糕模型，甚至著名的鑄鐵燉鍋都能在此找到，比起磊阿勒附近的專業廚具店，這裡更多了一分設計感，有許多能加快食材準備速度，又帶有趣味感的廚房用品。

位在布列塔尼街三十九號，是被列入歷史古蹟、巴黎最古老的紅孩兒市集

（Marché des enfants rouges），建於一六一五年，頂棚有遮蓋的關係，即使下雨也不會被淋濕，形成巴黎少數的頂棚市集。新鮮的蔬果攤、魚鋪、肉鋪攤販們在此聚集。到了門口，我們便像進入拉法葉百貨的觀光客般一哄而散，奔向各自需要的攤位，只是我們挑選的是一顆完美無瑕的花椰菜，而非一款金鍊小牛皮名牌包。我挑了一些新鮮的洋蔥、紅蘿蔔、馬鈴薯，以及一把剛從普羅旺斯採集的香料，再到肉鋪挑選一塊上等的羊腿肉。我注意到賽琳挑選了蒜頭、蘑菇，並到肉鋪讓店員包紮了一隻新鮮土雞。皮耶爾則到乳製品的攤子上挑選一塊上等的奶油及一罐鮮奶油，抓了一把芹菜，再拿一包小牛肉去秤重。蘿拉在魚鋪裡來回走動，選了幾種不同種類的魚與淡菜，再到蔬果攤上拿了幾個上等的牛番茄與羅勒葉、番紅花。「雖然看不出來到底準備什麼，肯定的是，明天會有許多美味的菜餚可以享用了！」我心裡這麼想著。

採購完畢之後，我們擱下了沉重的食材袋，在市集裡各式各樣的現煮熟食攤挑中了一間黎巴嫩餐廳，在它的露天座位坐下來用餐。黎巴嫩菜對於多數的法國人來說相當容易接受，由於受過法國殖民的關係，比起其他的中東菜，黎巴嫩菜更多了一分法式風情，和法國菜一樣注重上菜程序外，亦採用比較溫和的調味料，不至於過分辛辣或嗆鼻。前菜通常分為冷盤和熱盤，幾種豆泥，一些酸得可以的醃菜，以及鷹嘴豆作成的丸子，配上烤薄餅食用。主菜則有肉串與其他蔬菜、薄荷葉包成的

烤三明治，甜點則以蜂蜜無花果奶酪，或是切成方塊形狀的杏仁糖居多。

將食材放在餐廳保存後，週六晚間我們習慣到夏洛街（Rue Charlot）上的小紅門酒吧（Bar Little Red Door）喝一杯酒。這裡的氣氛不若巴黎，有著綜合紐約雀兒喜與東京南青山的潮流感，列入世界前五十名最佳酒吧。門口的紅色小門試圖欺騙第一次前來的客人，真正的入口卻在左手側，整櫃打上燈光的酒瓶牆在夜裡散發出名為沉醉的光芒，吧台前的位子總是滿席，我們於是挑選了一個舒適的沙發角落，時尚的氣氛在裡頭流轉，也散發在菜單上，各種調酒的複雜敘述令人不知從何選起，就隨意的點了幾杯以伏特加為基底的調酒。

「到米其林餐廳用餐的時候是否一定要點酒呢？」在一個聊天的空檔，我提出了這樣的疑問。

「我認為一定要的，否則會顯得很失禮。就像到人家家中作客卻兩手空空一樣。」皮耶爾這麼回答。

「話也不能這麼說。如果真的不能喝酒的話，也沒有必要一定點酒配餐吧！」我說。

「每道菜都有相應的佐餐酒，就像包包上的吊飾或絲巾，經濟能力可以負荷的話，我認為應該每道都點。從餐前酒、白、紅酒到甜酒，畢竟難得訂到星級米其林餐廳，應該要好好享受一下專業的侍酒服務。」賽琳這麼認為。

「香檳我可能只有慶祝的時候才會點，因為香檳價格往往不低，而且只能當開胃酒。但是適合的紅酒、白酒可以跟餐點有完美的搭配，會讓料理更有風味，所以我會點用。」蘿拉這麼說。

「那麼水呢？大家會點自來水嗎？」我又再丟出了一個疑問。

「會啊！我到餐廳一向都喝自來水。」認為一定要點酒的皮耶爾，這個回答讓我有點意外。

「在米其林餐廳點自來水讓我有些不自在。」賽琳這麼說。

「雖然礦泉水比起一般餐廳貴，但是把氣氛、裝潢算進去，我還是會點用。」

「我會點氣泡水，米其林餐廳通常能喝到品質比較好或是自家打氣的氣泡礦泉水哦！」蘿拉說著。

每週都如此這般針對各種主題抒發己見，是法國朋友之間喜愛談論的方式。而到了週日中午，我們換上廚服、帽子與圍裙，在蘿拉的餐廳廚房內忙碌了起來，四個人各自相背在火爐前準備，添加了幾許比賽的緊張氣勢。皮耶爾趁空在音響裡播放了音樂舒緩氣氛，那是Louane的《Chambre 12》專輯，清新嗓音和分明節奏，倒也挺適合做為料理時候的背景音樂。

蘿拉提出了「科西嘉魚湯」（Soupe de poisson Corse），金黃飽滿的湯色相當誘人，「加入了安康魚、海魴、海鰻……」她娓娓說著幾種我聽不懂的法文魚類名詞，將這些魚類與橄欖油、茴香、百里香、番茄、蒜頭等香料一起烹煮，上桌時將大蒜醬放入熱湯中，並在麵包上塗抹起士絲一同丟入湯中享用。「美味極了！」喝了一口湯的我說著。

我抽到的是「七時羊腿」（Gigot d'agneau de 7 heures），一道出名的法國傳統料理，將切塊洋蔥、紅蔥頭與蒜頭在鐵鍋裡煎至金黃，再加入紅蘿蔔塊繼續翻炒，倒入些許白酒燜煮個五分鐘，再將市場買到的兩公斤新鮮羊腿去骨後，以棉繩綁起來放到鍋內，鋪上西洋芹、迷迭香與百里香等香料，送進烤箱裡，以兩百度烘烤兩小時後，再降溫到一百度烘烤五個小時。如此一來，吸收香料與醬汁熟透嫩軟的羊肉，味道方能細膩而深厚。我將烤好的羊腿切塊，放上炒馬鈴薯塊，淋上醬汁，鋪上幾朵羊齒菜，加以平常在米其林餐廳偷學的擺盤方式上桌。「羊肉燉煮得相當細膩，用小湯匙就可以切開！很棒！」蘿拉如此說著。

皮耶爾帶來的是「白汁小牛肉」（Blanquete de veau），在被蜜汁鴨胸打敗前，曾經是法國人最愛的一道傳統菜餚，我一直覺得這道菜能被稱為「西式咖哩飯」。先將洋蔥、紅蘿蔔與小牛肉翻炒過再加入高湯燉煮，「上桌前再加入鮮奶油與麵粉，使得醬汁濃稠，是我的祕訣！」皮耶爾這麼說著。燉煮得軟綿綿的小牛肉與濃郁的白醬完美的混搭在一起，配菜則是白米飯飾以羅勒葉。

賽琳呈現的是「紅酒燉雞」（Coq au vin），經典中的經典，也是所有廚藝學校

學生必定要會的考題，充滿了鄉村的溫暖與親切感。賽琳是勃根第地方人，「所以我選用我們當地最好的香貝坦紅酒來醃製雞肉！」先炒培根，並炒軟蘑菇與珍珠洋蔥，再將雞肉炒過後，全部一起丟入鍋內，加入紅酒與香料來燉煮，配菜則是一些新鮮的蛋黃麵條與水煮馬鈴薯。「看似不修邊幅的一道菜，卻是每個細節都仔細照顧到了，讓人感動的滋味！」皮耶爾說。

或許是這個氣溫過低的冬夜讓我產生了些思鄉的情緒，我私心投給了科西嘉魚湯一票，那一座與家鄉相似的法國小島，海風在濃稠的魚湯裡飄散開來，一口喝下，滿足了味覺與記憶。單純的品嚐料理，讓食材所相繫的土地彼此碰撞，也是一場跨越時空的旅行。結束了一頓豐盛的晚餐，我們各自回到家中，準備隔天重返工作崗位，並期待著下週北瑪黑廚房的命題。

閃電泡芙

Les éclairs dans une journée pluvieuse

巴黎的雨，總是來得令人措手不及。它任性的有如法國女人，在莫名癥結上不講理的鬧情緒，傾盆大雨總是毫無預警地下起，卻又在你還來不及收起焦慮之前，轉眼放晴。巴黎人不愛撐傘，總是拿起皮衣外套或是手上的地鐵報隨興遮掩，因為雨總會停的，又或是雨中的巴黎讓人更能貼近這座城市的呼吸，不在意被淋濕，在意的是因撐傘而錯過的交會眼神。雨中的巴黎，是最讓人心跳的浪漫邂逅情節。

然而對於居住在這座城市的人來說，浪漫擱在一旁，若整個夏季太陽都不見蹤影，彷彿無止境的雨季是巴黎人見面便抱怨不停的話題。上班途中被大雨淋濕一身狼狽的走入公司、不慎踩入水坑鞋裡被浸泡得濕漉漉的襪子、窗外永遠陰霾的天色與眼前堆積如山的工作……，只需一週的雨，便讓人覺得全身都要發霉。在那樣的雷雨季節午後，就會慶幸自己躲在室內，即便正與纏人的客戶們開會。

這個週五的下午，我們討論著下一季的動畫製作，冗長的會議已經進行了三個小時，客戶針對動畫內容字句逐一審視與推敲。法國人向來需要在製作之前擬一份複雜的計畫書，而在決議之前，還需要進行無數的會議。對於執行設計端的我而言，什麼內容都無所謂，「即使全部放假字，也不致於影響我的設計理念吧。」一邊這樣想的時候，一邊強忍住呵欠與睡意，再要了一杯黑咖啡，繼續與客戶周旋著。

此時實習生端來一盤從人氣甜點鋪「天才閃電泡芙」外帶的甜點讓我們品嚐：

鹹焦糖佐花生、白巧克力與玫瑰花瓣及紫羅蘭，不加任何裝飾的傳統派皮、黑得發光加入堅果的馬達加斯加巧克力糖霜，檸檬嵌杏仁小圓餅，覆盆子灑入橙花碎末，香草與臻果碎片的組合，令人眼花撩亂。到甜點鋪去享用閃電泡芙是最新的流行，它已經比下馬卡龍，成為近期的甜點寵兒。而這間天才閃電泡芙自開幕以來，以其奪目繽紛有如藝術品般的配色，廣受巴黎人喜愛。

「噢！你們真有品味。這些泡芙實在太美了！我一定要嚐嚐！」有著白皙皮膚，淺棕色鬈髮，來自布列塔尼的專案經理讚歎著，順手選擇了高濃度黑巧克力口味，直覺早已經告訴我她的選擇，「微苦、帶堅果香的巧克力，沒有法國人不愛的。」我如此心理分析著。

「我想試試看這一款。」選擇了基本款派皮，身段優雅、出身京都的程式設計師並不讓人意外，原味品嚐泡芙，很符合他的那份日式矜持，以及凡事禮讓的謙遜。

一直對動畫內容正確性叨叨不斷的教育學家，猶豫不決的眼神最後落到了檸檬嵌杏仁小圓餅身上，「那麼我就來看看這馬卡龍做得如何吧。」我觀察著她，先把小圓餅用湯匙取下，一口咬下。「喜愛酸中帶甜的複合口感，還想挑戰小圓餅的專業度，不愧是家鄉在西部的法國人。」

「那麼，閃電泡芙是怎麼製作的呢？」在這個暫時的休息空檔，為了放鬆大家的心情，我提出了疑問。

雖然任務是與客戶溝通，卻同時也對料理相當有研究的專案經理，總想顯示她的法蘭西優越感，便搶著說明：「第一步先將水、糖和奶油、鹽混合煮沸，並將麵粉倒入其中攪拌，再將製好的麵團混入生蛋充分混合。」

「再來將這個原料放進擠袋中，在烘焙紙上塗成長條形狀放入烤箱。」

「在烤好膨起的泡芙背後挖洞，把準備好的奶油內餡填入，最後刷上一層糖霜，即是大功告成。」

「聽起來不難嘛。」教育學家說著。

「製法本身不難，如何做出別出心裁的泡芙，就看口味的組合以及層次的變化囉。」專案經理眨了眨眼睛。

泡芙的歷史可以追溯至十六世紀的義大利，由梅迪奇皇后（Catherine de Medicis）傳入法國。以水、蛋、奶油和麵粉製成的麵團糊在攪拌過程發酵起泡，烘焙成鬆軟中空被稱為包心菜的派皮（Pâte à choux）。

在過去，閃電泡芙即是將此派皮做成貴夫人的手指形狀，裹以杏仁糖霜，被稱為「伯爵夫人的甜點」，又或是「小伯爵夫人」，可想見它所身繫的貴族情調。甜點大師安東尼（Antonin Carême）在一八五〇年將它改進為現代做法，以卡式達奶油填充內餡，表面鋪蓋著一層晶透的鏡面糖霜，口味以咖啡或巧克力為主，遂成為街

坊麵包店中必備的點心。因過於美味，讓人忍不住閃電般一口吃完，因而得名，並擊敗千層派，躍升為法國人票選最愛的甜點。

同樣屬於泡芙家族，十九世紀誕生於巴黎的「聖多諾黑泡芙」（Saint-Honoré），則是在圓形餅皮之上堆疊一圈不同大小的泡芙，在頂端灑上糖霜，中間飾以奶油，看起來就像王冠上的寶石裝飾，獻給甜點之神聖多諾黑，常用於結婚的慶典上，表達祝賀的意思。

「修女泡芙」（Religieuse）也是甜點店中常見的一員，一個小的圓形泡芙疊在一個大的上面，並用糖霜固定住，中間擠上一圈像是罩袍領口的鮮奶油，形似修女而得名。

「泡芙塔」（Profiteroles）則是常見的家常點心，在成堆的泡芙上淋上巧克力醬，是法國孩童最愛的甜點之一。

「巴黎布列斯特泡芙」（Paris-Brest），則是以兩個城市之間長達一千兩百公里的單車賽事做為靈感，由甜點師杜洪（Louis Durand）創於二十世紀初，兩片像是輪胎般形狀的餅皮，上面灑上杏仁片和糖粉，中間夾著香濃榛果內餡，相當受到車手喜愛。

經過甜食與咖啡的洗禮，客戶們的八卦神經也開始膨脹，放下進度開始閒聊起下個假期的目的地，我無奈地應付著，心裡已經迫不及待會議結束後，跟他一起前往週末小旅行。在那五顏六色的泡芙盤裡，我一見鍾情地選擇了森林綠色的閃電泡芙，不需要任何理由，也沒有一絲猶豫，對我來說，那更似勝於直覺的命運抉擇。開心果的糖霜，上面佐以一點鳳梨，像他內斂而沉穩的個性，卻也藏有一點愛捉弄人的古靈精怪。飽滿的內餡是草莓奶油泥，輕咬一口滿是甜蜜的芬芳，是他從未讓人知悉，愛撒嬌的一面，只在兩人世界裡得見。

會議仍無止境的繼續著，雨似乎比適才小了一些，放晴的時候，希望他的跑車就在外頭迎接我，奔向我們濱海的小屋。

蒙特格爾一日

Une journée à Montorgueil

莫內一幅左右兩排公寓上飄揚著法國國旗，許多行人魚貫而過大街的畫作，場景位在鄰近磊阿勒地區的蒙特格爾街（Rue Montorgueil），這一條長三百六十米長的石板路，建於十八世紀，跨越行政區中的第一、二區，在磊阿勒中央市場搬遷到南郊翰吉斯之後，成為市場殘存在市中心的美食記憶，數不盡的熟食鋪、蔬果攤、與麵包坊在這條路上聚集，還有眾多在磊阿勒中央市場時期就開設的老餐廳、咖啡館依舊留存下來，即使不是需要買菜的主婦，光是散步看熱鬧也覺得新鮮。

一年家中整修，有一整個月的時間，我暫時寄宿在朋友蒙特格爾街的公寓。那是個充滿了巴黎美夢式的家，如果打開向外的一整排窗，就能有奢侈的陽光照進巴洛克氛圍的客廳之中。陽光正好的早晨，能在露天陽台上喝杯現榨蔬果汁，搭配一個微熱的牛角麵包，望著街角的人們，在店鋪中進進出出。

用完早餐，我徒步到蒙特格爾街上採購當日的食材。到魚鋪挑選幾尾新鮮的鱒魚、紅羊魚，或是切半弄好的比目魚。「這隻？那隻？還是那隻？」魚販總是愛開玩笑，隨意的指指架上的魚，最後才肯把選好的魚放在機器上秤重，拿到後方去除鱗片，用紙慎重的包好，裝入塑膠袋內，並交給我一張單子，讓我到櫃台結帳，這種攤販和櫃台分工的舊時結帳方式，在蒙特格爾街區裡依舊流行。

買完了魚，再到隔壁有著烤雞在架上旋轉的肉鋪，對成塊的羊肉、牛肉，揣想擺在盤裡的樣子，「您是要做白汁燉小牛肉吧？」看我選了五百公克小牛肉的肉販這麼說著，頭髮花白的肉販似乎對我特別親切，總在過秤後多拿一些送我。選完肉類，再到新鮮水果成堆在外頭展示的水果鋪，挑選幾個熟成的扁桃，一盒覆盆子還有一些櫻桃、香蕉，小販總是擺著臭臉，對於我想要仔細挑選一顆熟度正好的扁桃感到不耐煩，「這些都是一樣的！」他有點不悅的說。在巴黎，水果攤的水果摸不得是一個不明講的潛規則，於是吐吐舌頭，裝作不知情。

味道濃郁的乳酪店中，各種從農場運來，軟質、硬質、山羊、水牛、綿羊的乳酪堆疊在冷藏櫃中，是地方產區驕傲的農產品。大家對法國人的第一印象時常是浪漫，但實際上「執著」才是他們最顯著的一種個性，最常表現便是對食材與產地的講究，法國的乳酪都由嚴格的「產區命名管制」（AOC）所背書，而每個地方的人一定都會瞭解自己家鄉所產的乳酪，並引以為豪。全球暢銷的入門級軟質乳酪卡蒙貝爾（Camembert），加入香料，美味可口的科西嘉布羅秋（Brocciu），口感稍硬搭配紅酒相當美味的康達爾（Cantal），各有自我風味，就像法國人一樣。蒙特格爾乳酪店的師傅們每位都精通乳酪常識，只要稍微形容一下想尋找的味道和口感，他們就能從超過三百六十五種乳酪裡挑出最適合的一種給我。

從乳酪店往艾汀馬歇爾路（Rue Etienne Marcel）方向走去，便能來到史特雷熟食鋪（Stohrer），我喜愛到這裡購買傳統棍子麵包與甜點。這裡由路易十五皇后的波蘭御廚於一七二五年所開設，至今已經有將近三百年的歷史，不若其他名廚甜點鋪紛紛開設分店，這裡始終保持著十八世紀時的原樣，地板有著藍色花紋的瓷磚馬賽克，小巧的店鋪裡，左方是甜點、麵包區，最出名的即是它添加濃郁萊姆酒的萊姆巴巴蛋糕（Baba au Rhum），但我總嫌棄它太過嗆鼻的酒精味，偏愛開心果馬卡龍中間夾著覆盆子的安塔爾蛋糕（Antare）。右方外燴區則充滿了漂漂亮亮讓人垂涎的熟食，整齊排列的鮭魚凍、小螯蟹冷湯、黑橄欖火腿捲、淋上醬汁的扇貝躺在沙拉與水果環繞的盛盤裡，吸引著口袋中的紙鈔，外帶回家便能享受國王等級的饗宴。

夜晚的蒙特格爾依舊熱絡，魚鋪、肉鋪、水果攤都已經歇業，取而代之的是營業到深夜的咖啡館與小酒館，溢滿到人行道上的露天座位，聚集了附近的上班族，下班後享受啤酒特價的快樂時光與一場足球賽。有時我會到轉角的小酒館去品嚐它的每日主餐，幸運的時候，能夠碰上新鮮的半隻龍蝦大快朵頤，服務生總是愛以英文告訴我他去過我的家鄉，我也總是簡單回答：「不是很多人知道那裡啊。」想吃蝸牛的時候，便到有著老式餐廳氣氛的蒙特格爾蝸牛餐廳（L'Escargot de Montorgueil）去，這裡的傳統特製勃根第烤蝸牛，以羅勒奶油入味，食譜自一八三二年開幕以來從未變更，特別美味，唯獨服務速度也與蝸牛一樣慢速，可別在時間不寬裕的時候前往。康卡爾岩石（Au Rocher de Cancale）大概是這條街上我最常光顧的餐廳之一，如同上個世紀的巴爾札克。這裡的法國傳統菜色無論是蜂蜜鴨

胸或燉羊腿味道都很好，沙拉分量十足，偶爾想吃點海鮮當前菜時，招牌的康卡爾二號生蠔也很讓人滿足。

飯後再到傑佛瑞酒吧（Bar Jeffrey's）喝一杯羅亞爾河地區的紅酒，刻意保留粗糙感的水泥牆與天花板的橫梁，裝潢帶有巴洛克混搭復古意味，幽暗的燈光下，坐在一張舒適的皮沙發椅裡，靜靜聽著酒吧播放的爵士與靈魂樂，那一刻，不去理會耳旁的法文，會以為自己身處一間安和路的酒吧，那些逝去的時光，或許還有機會追回。

夜深以後，石板路上只剩下昏黃的路燈還醒著，以及遠方不時作響的消防車警笛。我帶著一點微醺的醉意慢步回家，準備迎來蒙特格爾隔一日的晨曦。

布里斯托早餐

Un petit-déjeuner au Bristol

和他一起度過了三百多個週末，卻從沒有一起用過早餐。

總長四公里的聖多諾黑街（Rue Saint-Honoré）與聖多諾黑區街（Rue du Faubourg Saint-Honoré），從皇家廊巷附近起始，向西延伸至塔恩廣場（Place du Terne），跨越第一區與第八區行政區，雲集世界頂尖的三百多個品牌，是名副其實的流行大街。

「街」與「區街」的分別在於舊時的聖多諾黑區街已跨越當時城門所在地，屬於城郊的範圍，因此加上一個「區」（Faubourg）字以示差別。

這條街從中世紀起便存在，屬於巴黎眾多古老街道中的一條，十七世紀時隨著法國王室安置於皇宮廊巷，貴族們進駐瑪黑區，資本家們在此建立起宏偉大宅，推動了聖多諾黑街的快速發展。

它的歷史更與時尚圈緊緊相扣，一八三七年，愛瑪仕（Hermès）於二十四號建立總店，一八五三年，戈雅（Goyard）在此設立店鋪，隔年，路易威登（Louis Vuitton）也在附近的史考伯街（Rue Scribe）創立品牌，一八九〇年，浪凡（Lanvin）在愛瑪仕對面的二十九號成立總店，香奈兒女士亦於一九二〇年居住於此街二十九號，並將總店設立在附近的康朋街（Rue Cambon）。奢華的品牌加持之外，這裡還多了一分耀眼的政治光圈，五十五號是法國總統府愛麗榭宮所在之處，而法國內政部和多國大使館官邸亦在此駐紮。

HERMÈS

這一條單行街道，在下午時分總是擠滿了車陣，不時響起刺耳的喇叭聲與呼嘯而過的救護車車聲，如果身在一輛計程車中，會讓人耐不住性子想下車離去。然而在清晨時，它卻意外是一條適合散步的小徑，令人目眩的精品名店尚未開門營業，才看得清街道原本的模樣。

路旁的水管被打開，水流刷洗過的城市，空氣中散發著一股清新，幾名清道夫正用掃把將枯樹葉收集到袋子裡，灑水車轟隆作響地清掃過街道，沖去昨夜殘留的酒瓶、紙屑與菸蒂。迎面而來的陽光是一種稍微上揚的角度，但是看著並不刺眼，反而有一種朝氣，像正朝著什麼方向努力大步邁進，如果那時手裡握有著一個夢想，便似乎隨時激動得可以流出淚來。

每週四下午我們固定前往柏悅酒店（Park Hyatt Paris-Vendôme），附近的車陣喧囂在大門闔起之後像被阻隔掉似的，進入一個寧靜而不容易被打擾的密封箱，尤其在雨天，整座城市被雨困住的時候，可以盡情待著，像到了一處世界的盡頭。

「下次我們一起去哪裡旅行好呢？科西嘉島？還是象鼻海岸？」

「你知道我不喜歡曬太陽的。」

他聳了聳肩，不置可否的微笑，喝了一口氣泡礦泉水，繼續坐回他的螢幕前。壁爐廳微暗而溫暖的光線讓人感到舒適卻不至於睡著，我總是待到把一本小說讀完以後才離開，有時是莎崗，有時是莫泊桑，最多的時候是波特萊爾。而他總是安靜

的在對面使用手提電腦，偶爾和我眼神對望著流露出溫柔的微笑。對於大部分的法國人來說，片刻的沉默往往就要了他們的命，但對我們來說並不構成威脅，不說話也能相安無事的共處，是我與他的默契。

步出酒店走過凡登廣場，我們到附近小巷裡的達羅沙熟食鋪（Da Rosa）補充一些廚房存貨，一點上等的伊比利生火腿、三袋用索泰爾納貴腐酒浸泡過的巧克力葡萄乾，一罐義大利乾番茄，一包大西洋鮭魚子配上小圓餅與鮮奶油，當然，還需要幾罐地中海葡萄酒與口感絕佳的生乳酪。在聖多諾黑區街，品質絕佳的點心與美酒是絕對不能少的，因為居民們都很挑剔。

華燈初上的時候，我們徒步到聖多諾黑街上的寇斯特酒店（Hôtel Costes）。寇斯特的大門像一個漆黑神祕的入口，一旦入內後卻會感到無比的自在。高跟鞋踏在紅絨毯上將女士們的腳步聲化於無形，古典畫作裡的貴婦人和賓客們一樣優雅。我們有著一向喜愛的角落座位，能看盡整個酒吧，聽著音樂人Stephane Pompougnac混音的沙發電音，總是讓人慵懶地不想離開。這裡有巴黎最好的古巴雞尾酒，滿滿的碎冰與薄荷葉鋪在鐵杯之中，萊姆酒與檸檬的清香在舌尖打轉。

「對我而言，旅行是一種尋找。」他喝了一口雞尾酒。「有的人喜歡尋找和自己背景相同的事物，產生認同感。但我想找的是一種陌生，一種異鄉人的新鮮感。」

「那或許是我需要一直從一個地方搬遷到另一個地方的原因吧。」即使這般無聲地反覆敲著杯子裡的碎冰，融化的水卻也無法回沖原本的味道。

一直以為這種恬靜能持續成為一種永遠，但或許源於一些沒有說出口的疑惑，或許長久的習慣扼殺了感情，發現的時候已經不知從何找出起源，那根生蒂固的裂痕，有如陶瓷碗繃出的縫隙，把我們默默推向了兩端。

「我想離開這個地方。巴黎的一切已經讓我生厭。」他語氣平順的說著，並非要尋求一種決裂。然而已習慣這裡的我，卻無法選擇跟隨他離開。

決定分開後的那一個週末，我們一起到聖多諾黑區街上的布里斯托酒店（Hôtel

LE BRISTOL
RESTAVRANT

Bristol）享用早餐。那個一月的早晨，氣候依然相當寒冷，陽光依然是稍微上揚而不刺眼的角度，他依然提早五分鐘抵達等我，如同我們每次見面。身著棕色禮服戴著白手套的服務生正推著金桿行李車入內。

然而這一次，他卻和我互親臉頰，「走吧。」呵出了一口白氣。那一刻我明白我們已如同交會過的線條，只會往另一個方向前進了。

侍者送上兩份「迷失吐司」（Pain perdu），浸泡在香草糖漿中，撒上糖粉，佐以新鮮草莓與覆盆子，附上一片寫著酒店名稱的巧克力。傳統上為了不浪費食物，將硬化的麵包浸泡鮮奶、奶油與蛋黃醬汁再煎過，就成了另外一道美食，由於經過這樣的程序，麵包已經失去了原本的形狀，因而叫做迷失吐司。轉換了另一個方向而非變質，如同我們的感情。

「我們怎麼會從來沒有一起吃過早餐呢？」我並非想要得到一個答案的問著。

「我也想不起來。」

「日子好像就這樣過了呢，有多久了。」

「妳也知道我對時間一向沒有概念，總是忘了妳的生日。」

「你知道我從不在意這些的。」

他微笑著喝了一口咖啡，在他眼裡我看見了一些過往熟悉的溫柔，一些沒有說出口的不捨，一些漫長歲月裡沉澱下來的美好，不曉得我是否曾經好好珍惜過。我

LE BRISTOL

們對坐在柔軟舒適的法蘭絨沙發椅上，淺米色牆上掛著一幅瑪麗皇后肖像畫，庭院裡影子的角度比適才縮小了一些，用過早餐的客人們不曉得何時紛紛離開了。沒有人願意呼喚，侍者也不曾打擾，或許就讓時間悄悄靜止在這裡，什麼都不變，永遠不變。

阿薩斯街的日子

Les journées de rue d'Assas

初抵巴黎的時候，我住在盧森堡公園附近阿薩斯街（Rue d’Assas）的一間小閣樓。這是一棟十九世紀建築而成的典型奧斯曼式公寓，有著兩公尺高的大門，氣派的挑高大廳通往鋪有紅地毯的大理石階梯，以及一座古典黑鐵雕花電梯，然而那是給主棟的住戶使用，閣樓出入口是在大廳後方的破舊小門裡，踩著呀呀作響的木樓梯，費盡渾身力氣爬到六樓。

這種樓頂閣樓在從前做為貴族家裡傭人居住使用，沿著小樓梯能通往樓下主人的房間，結束一天於華麗宅邸打掃與保母的工作後，再爬樓梯回到窄小冰冷的閣樓休息。如此想像似乎有些悲慘，但年輕的海明威在巴黎時何嘗不是住過這種冬冷夏熱的小閣樓，而離盧森堡公園三分鐘的步行距離，更是多少巴黎人夢寐以求的住宿地點。若決定在巴黎生活，就必須學會不去在意許多日常細節，聳聳肩說：「就是這樣！」否則只會讓自己陷入困境。小閣樓有扇天窗，除了一根煙囪以外什麼也看不見，下雨天時若忘記關窗，雨水便會潑灑進來。我把遠離家鄉的一只行李箱在這不到六坪米的房間攤開來，將生活物品依序填入空格之中，就這樣開始在巴黎生活的第一天。

選擇何時做為巴黎的第一天是很重要的。巴黎在各個時節的面貌，將嚴重影響人們對她的印象。八月到巴黎的人，會誤以為這是座不算擁擠的城市，路人友好並能以英文溝通，然而那只是由於法國人都出城度假，城裡只剩招攬觀光客的商人以

及外國遊客所致。我抵達巴黎時，是一月底的冬季，溫度與亞熱帶家鄉相去甚遠，冷風彷彿無時無刻都能鑽進骨頭裡，暖氣永遠不夠，只能躲到商店內把身體充暖後，再進行步行。巴黎的冬天天黑得特別早，到銀行處理事情、在超市採購生活所需之後，一天好像很快就用完了。但或許那時我們都還年輕，不懂得倉促的意義，只單純的想在這座城市度過一段時間，緩慢而奢侈的囤積一份只屬於自己的巴黎日曆。

每個早晨，從阿薩斯街這一頭，穿過盧森堡公園到另一頭的索邦大學修習法文。這一個幾乎每位留學生都經歷過的語言學校時期，純粹裡帶有迷惘，卻永遠新鮮，回想起來是最珍貴的。法文課分為文法課以及聽力課，經過分級考試後，我被分配到中級班，一個班級裡大概有三十幾位學生，大多來自美國、澳洲或是歐洲其他國家，相較於他們的勇於發言，沉默內向的亞洲人只有不到五位左右。課堂上多半研讀一些艱澀的古典文學或時事文章，有時會無聊的讓人睡著，偶爾也因為作業忘了寫而擔心被老師點到焦慮著，望著窗外突然下起的大雨，才想起閣樓裡的天窗忘了關上。

每兩週一次的聽力課目的在訓練聽力與口語，戴上耳機，老師會一對一的糾正每個人特定字母的發音。日本同學向來對Ｖ和Ｂ，以及Ｒ和Ｌ的發音感到相當苦惱，我則對於法文有點曖昧的Ｂ和Ｐ以及Ｄ和Ｔ發音無法好好分辨，尤其在電話裡

要記下對方郵件地址時，總是為了寫錯而懊惱。

從阿薩斯街沿著女士街（Rue Madame）直走，到老鴿舍街（Rue du Vieux-Colombier）右轉便能走到聖許畢斯教堂（Église Saint-Sulpice），當時它仍在整修，半邊的鐘樓被施工的鷹架遮蓋住，看到全貌的那一天好像永遠等不到。教堂前有一處噴泉，偶有市集舉行，廣場上的市府咖啡館總是人聲鼎沸，即使是冬夜裡也從不顯得蕭條。為了考取設計學院，我在教堂附近的畫室修習晚間的裸女素描課程。課堂上大概只有五、六個學生，多半是附近的居民，豎起畫架、夾好半開的素描紙，拿出炭筆與軟橡皮，待模特兒擺好姿勢，便開始素描。十五分鐘三張速寫、五分鐘三張速寫，仔細觀察皮膚與肌肉的線條，如此重複的畫個幾圈，便能使人疲憊不堪。

提起多出幾分重量的背袋，從女士街往阿薩斯街的方向走回家。這條街上總是相當安靜，只有我一個人行走著，幾乎全是奧斯曼式公寓住宅群，住過一些名畫家，有幾間舊書店、鐘錶店，當然早已打烊。夜深得特別快，溫度下降之後非常寒冷，昏黃的路燈光下開始飄起了雪，湧起了適才被專注作畫忘卻的飢餓感，口袋裡給完模特兒小費後沒有多餘的硬幣，決定回家煮一盤卡波那拉麵。

緩緩的走上階梯，木質地板上有些踩過雪地後濕漉漉的腳印。一個人在遠方，漂泊不定、茫然而迷惘，像在沒有路燈的黑夜裡，只能小心翼翼地往前面邁進。然而晨曦總會迎來的，多年後的早晨，當巴黎的日常變得如此熟稔，回想起阿薩斯街的日子，仍像一個原點，只要回到這條街，就彷彿能找回初抵巴黎的青春歲月，儘管大部分已經不著痕跡的遺失了。

翰吉斯漁市場

Le marché de Rungis

探索一座陌生城市最好的方式之一是到當地的市場逛逛，根據水果攤與肉鋪上你能夠認出的食物種類，能推敲出你與這座城市的契合指數。從斯德哥爾摩、巴塞隆那、布達佩斯到拉脫維亞，每個城市均有一座食品集散的市場，畢竟人離不開食物，而市場就是最能貼近生活感的地方。在初來乍到的興奮感消失之後，旅行的目的似乎在找尋一種生活感，在一座城市短暫生活過的回憶。跟主婦們一起排隊購買肉類與蔬果，拎著一袋早晨剛出爐的麵包，享用一點市場裡現做的新鮮小食，總讓我有旅居在那座城市不真實中的踏實感。

我的公寓離磊阿勒（Les Halles）步行不到五分鐘，它是市中心一片占地六萬平方米的廣場，地上有著綠意盎然的公園，地下則為四層樓的商場，並有線路密集的地鐵站及郊區快鐵交會。然而這片廣場在五十年前，還是一座歷史長達八百年的中央市場，在一九六二年遭到剷平的命運，遷移到南郊的翰吉斯（Rungis）。在我的周圍，還存在著不少見證過這場世紀遷移的人，與歷史事件如此相近，常使我衍生不可思議之感。

入手了一台二手車之後，他問我有沒有什麼想去的地方，第一個浮現腦海的便是郊區的翰吉斯市場（Marché de Rungis），從磊阿勒搬移過去之後，市場變成什麼模樣，我感到十分好奇。翰吉斯的漁市場工作時段與一般朝九晚五的上班族顛倒，作業於凌晨運作，我們於是選在半夜一點出發，從磊阿勒經由奧爾良門出城，沿著高速公路往南行，大概二十分鐘左右即可抵達。沿途車陣稀少，昏黃的路燈有陣列感的依序閃過眼前，Boris Vian的爵士音樂在空氣中迴轉，如此疏離感讓我有前往另一個世界的錯覺。

身為世界上最大的綜合市場，翰吉斯市場開幕於一九六九年，廣達兩百三十二公頃的面積中，由一座水產館、九座蔬菜與水果館、四座乳製品館、一座花卉與飾品館，以及最後加入的肉類工廠和一處行政中心所組成。若說這裡的面積大到能舉行奧林匹克運動會絕不誇張，各館與各館之間都有著必須驅車前往的距離。

取了票通過閘口，我們將車子停放在停車場，先到市場內的咖啡廳喝一杯牛奶

咖啡，提振精神。服務生在端上咖啡後，說了幾個無聊的冷笑話，報告法國足球隊今晚的戰績，「這裡的人，似乎要比巴黎人熱絡一些。」他說。投入一塊方糖，用湯匙稍微攪拌溫潤奶泡與咖啡汁液成為一種蜜糖的顏色，順著喉嚨吞嚥進身體裡，似乎就轉化為使頭腦稍微清晰的力量。我看著窗外昏黃的路燈，拿起咖啡杯喝完最後的一口，從口袋中拿出零錢留在桌上。

參觀水產館前，我們在館外購買了塑膠袍衫與帽子，以防止過重的魚腥味沾染在衣服上，並特地穿了雨鞋前來，以免潮濕。迎面而來的冰冷霧氣，之中混合了魚蝦與海水的味道，讓我想起兒時在海鮮餐廳前張望龍蝦的回憶。

深夜兩點以後，大批新鮮打撈上岸或是遠洋魚類、貝類等各式各樣海產會被送到這裡。食物新鮮度相當重要的關係，從卸貨、運送的過程都保持低溫，水產館內氣溫也不分冬夏只有十度左右，在這個冬夜裡倒不覺得寒冷。

讓檢查人員確認新鮮度無虞後，工人將這些海鮮分開來各自裝箱，標上記號，填寫運送的單子。雙鉗被綁著，呈現鐵灰至深藍漸層的布列塔尼藍龍蝦（Homard bleu de Bretagne）吸引了我們的目光，這種基因突變而導致的美麗色澤據說僅有兩百萬分之一的機率，肉厚爽甜的鮮味，在巴黎也只有少數的高級餐廳才提供，多半需要事前預約，被認為一生必要品嚐一次。圓扁殼形狀的貝隆生蠔（Huîtres de Belon）和凹殼的吉拉朵生蠔（Gillardeau）是生蠔界裡的頂級明星，以號碼來編排，零號最

大，六號最小，尺寸適中的二、三號最為美味，不加檸檬、紅酒醋，一口吃下滿是濃烈的海水香氣後，散出獨特的金屬礦石氣息。來自大西洋沿岸眼睛細小呈褐色的麵包蟹（Tourteau），因為動作遲緩又被稱為睡蟹，以豐富蟹膏以及巨大蟹鉗聞名，是海鮮拼盤裡最常見的主角，只要簡單的清蒸就能享受最鮮甜的原味。

扇貝、海螺、小螯蝦、馬達加斯加蝦、養殖的鯛、鱸魚、鰈魚、魴魚、斯里蘭卡黃鰭鮪魚、澳洲鱈魚，四季都有的蘇格蘭及挪威鮭魚是餐廳訂購的熱門魚種，一位工作人員如此告訴我們。確認訂單送出、裝箱結束後再清掃環境，就這樣幾小時的時間內，水產館廣大的空間中，來來回回的運貨車消失了，回復了營業前的安靜。我們在館內逛了幾圈，帶回幾隻螃蟹、一打生蠔、一袋諾曼第的淡菜，以及一些用來煮湯的貝殼，這裡不若台北漁市的光鮮亮麗，也沒有東京築地市場現做現吃的料理吧台，多半是餐廳的訂貨人員前來大批下單採購，像我們這樣的散客算是相當少數。

換下了袍衫，為了讓雙手的魚腥味可以散去，先搓點鹽，再用事前以檸檬汁結凍做好的肥皂洗洗手，把海鮮丟在後車廂後開車回家。

將明未明的巴黎晨色是相當吸引人的，等待紅燈的時候，我將頭伸向擋風玻璃前，原是淺藍至深藍色漸層的天空，在路燈「啪」的一聲熄滅後，轉為鵝黃、淡粉與淺藍色交織的色彩，如果那時正巧在聖母院前方的道路上，我會覺得那就是最接近上帝的風景。

「現在的翰吉斯，像少了點從前磊阿勒市場裡的熱絡，變成只是一座加工廠一般。」研讀過無數回磊阿勒中央市場的歷史與古老照片的我，有些懊惱的跟他說。

「這可能是規模化之後無可避免的現象吧。」他說，有著一貫的理性。

「關於旅行，最重要的是什麼呢？」像是想要岔開我的話題，他這麼問。

我轉頭想了想，回答他：「旅行是一種生活態度。怎麼旅行，也就是怎麼生活。我們不是為了下趟旅行而努力生活著，卻是為了生活而繼續不停地旅行著。」

他握著方向盤，似乎對於這一個回答感到似懂非懂。

螢幕顯示著五點二十分，黑咖啡的效力已過，我突然感到沉重的倦意襲來，靠著副駕駛座的車窗，外頭閃過的景致逐漸變得暗沉。

比起平常所需的時間多出了許久還沒有回到家，路上起了大霧，視線模糊，等到終於能夠看清楚的時候，已經回到了磊阿勒，但是熟悉的街景卻看來有些陌生，廣場比平時多出了幾倍的人潮。他不知道到哪裡去了，我下了車，走到附近擠滿攤販的廣場，空氣中飄散著各種味道，眼睛透明，捲曲的生魷魚，好幾塊疊在一起的鮭魚排，幾隻上等的比目魚，一些皇家鯛魚平躺在海鮮鋪的碎冰塊上，遠處似乎還有烹調好在架上旋轉的烤雞，以及風乾了好幾個月的臘腸，混合以人群中令人不悅的汗味和體味。我穿過了幾攤擠滿排隊購物人潮的攤販，堆疊起來高低不齊的一箱箱貨物籃，擺滿了盒裝的草莓、葡萄，一朵朵的朝鮮薊，以及成堆的茄子，有人正從小貨車上卸貨，有人扛著幾隻乳豬走過，還有人推著雙輪運貨車要我讓路。總算擺脫了擁擠的人潮走到廣場中央，來到一處廣大挑高的雕花鑄鐵館入口。

「新鮮的花椰菜今天只要一法郎一朵！」一位有著小鬍子的胖攤販叫賣著，背後有成堆的花椰菜塔。

「法郎？」莫非我回到了一九六二年的磊阿勒中央市場？我不禁這麼懷疑著。

十二世紀起，在巴黎中央磊阿勒地區開始發展起魚、肉類的交易所和囤貨倉庫，規模並隨著人口增加不斷擴大，到了十九世紀於拿破崙三世的命令下，由建築師巴勒塔（Victor Baltard）改建成十二座有著玻璃頂棚的鑄鐵館，販售各式肉類、海鮮、蔬菜、水果、麵包及乳酪、花卉。由於館內位置不足，市場四周圍亦充斥著叫賣的攤販，與鄰近咖啡館、餐廳並立，飄滿整座街道的食物氣息，被左拉形容為「巴黎的肚腹」。然而由於過於擁擠帶來的交通與衛生問題，讓市政府在一九六二

年決定將磊阿勒中央市場移至南郊的翰吉斯。巴勒塔的鑄鐵館在瞬間被推平，動用了一千五百台卡車進行這場世紀遷移，至今僅存一座被列入歷史古蹟的鐵鑄館保留在巴黎東郊馬恩河畔的諾讓市（Nogent-sur-Marne），紀念過往的中央市場，占地兩千七百坪米，現在做為展場或商借之用。

我走到鑄鐵館其中的一棟水產廳，幾尾地中海藍鰭鮪魚，躺在鋪滿冰塊的木盒裡，發出漂亮的光芒。

「妳似乎迷路了？陌生人。」一名穿著吊帶褲，留著小鬍子的老伯熱情地跟我搭話，他帶有點南部的口音。

「噢。我想我是在磊阿勒市場吧？」

他皺了皺眉，「還會有別的地方像這裡嗎？」

「今天生意如何呢？」

「太棒了，我的小龍蝦、挪威鮭魚全賣光了。走吧，我帶妳去這附近晃晃，喝杯咖啡。」

我們沿路走到聖奧斯塔許教堂旁的豬腳餐廳（Au pied de cochon），這間離我公寓不遠、二十四小時營業的啤酒屋，以豬腳、生蠔和洋蔥湯聞名，五十年前的裝潢比現在樸素許多，卻更為熱鬧，滿是市場裡工作的工人。老伯在吧台前跟熟識的服務生熱情的握手寒暄，然後轉頭問我：「喝點什麼呢？」

13

「噢，牛奶咖啡吧。」我邊說邊掏出口袋裡的硬幣，才發現身上只有歐元。他跟我揮了揮手示意，拿出皮夾的法郎付了兩杯咖啡的錢。在旁稍事歇息的工人們一邊喝啤酒、啃豬腳數骨頭，一邊大聲的談論足球賽事。窗外巴黎的天色依然灰濛，我所身處的是現實還是過去，似乎也不重要了。

憑著記憶，我走回磊阿勒附近的公寓，這棟百餘年建造的木構建築依舊未變，我爬上樓梯，未掩的房門後，有一籃鄉村麵包和一些生火腿片、醃漬酸黃瓜擺放在桌上。我坐在老舊的沙發上，像去了一趟長途旅行，突然無限的疲憊感降臨。其實到哪裡都無所謂，只要生活繼續著，旅行也繼續著。

巴黎人要件

Devenir un parisien

一、絕不滿足

巴黎人的標準動作：皺眉頭。無法對任何事物感到滿意，即使滿意的時候也應該表現得漠然，學會矜持是一種優雅，源生於一種根深蒂固的唯我獨尊。微笑絕不被允許，想被搭訕？永遠該微皺眉頭。

二、瘦，要再更瘦

卻絕不能說自己正在減肥，食用生菜沙拉在一年四季都會被認為得體，在黑咖啡裡放代糖是道德的，唯有巧克力可以是個例外。

三、遲到

無法準時。而巴黎人遲到的藉口最多的一種就是：別人的錯。

四、黑白灰配色

巴黎人衣櫃的潛規則：黑白灰。一件質感絕佳的低調黑色大衣、幾雙五吋高跟鞋、一件無法禦寒卻有型的風衣、條紋毛衣、復古大框眼鏡、緊身牛仔褲。記得，絕不入手充滿商標或是有鐵塔的包包。

五、沒有黑咖啡便無法醒來

無論飯後或深夜，喝一杯黑咖啡都是被允許的。巴黎人有幾間自己偏愛咖啡館的口袋名單，然而絕對不會有花神或雙叟。

六、逃票友誼

不願多花一分錢在地鐵上，眼明腳快，抓緊前一個人過票的時機，鑽入閘門。替旁人拉住閘門是一種禮貌，總之，一起合作對抗巴黎大眾運輸公司這個萬惡組織。

七、拒絕美式文化

比起漢堡更愛鵝肝漢堡，星巴克絕對贏不過轉角咖啡館，去迪士尼樂園不如去阿斯特克樂園。最基本的慣用手法，英語不通。

八、每週光臨壽司店

巴黎人每週吃一次壽司就像他們每週看一場電影一般，以宣告自己品味出眾。只要能正確的使用筷子夾起壽司，便已是相當時髦，就別再問他們知不知道那其實不是日本人開的正宗壽司店了。

九、走路飛快

在街上能準確的一面滑著智慧型手機，一面繞過地上的地雷，並看準沒有來車的路口，無視紅綠燈的大步邁進。在窄小人行道上拿著地圖遲疑找路的觀光客，會令巴黎人抓狂。

十、搶奪計程車

在週六深夜跑完趴踢之後，能不計任何方法最快攔下一輛計程車的，絕對是巴黎人無疑。

文森動物園的週三下午

Un mercredi après-midi à la Zoologique de Vincennes

耳機裡播放著Carla Bruni的《*Little French Song*》，輕柔的法語、義語與英語混搭呢喃，很適合這個初秋早晨，我獨自一人坐在三號路面電車車廂裡。只是在咖啡館用早餐時看到報紙上某個頭條廣告，「野生動物們重新回到巴黎文森動物園。」於是決定在這個無所事事的週三下午，出發前往。

有段時間在執行某個動物園網站的設計案，客戶要求「我們希望網站是桃紅色的」。為了更能投入氛圍，我把臥室的踏腳墊換成桃紅色，牙刷也換成桃紅色，甚至臥室牆壁也漆成桃紅色。整天盯著那整面桃紅色牆讓我產生暈眩的感覺，我不得不開始祈禱案子趕快結束。

某天晚上我正讀著一本偵探小說，主角陷入敵國間諜的圈套中，正要被丟入塞納河。水花濺起的那一刻，桃紅色的牆壁被打開了，從那裡面走出一隻身體枯瘦、桃紅色的狐猴，與其說枯瘦不如說身體像過期的柿子縮水，兩隻眼睛如黑暗中的手機螢幕刺眼而突兀，有著長長的尾巴。

動物有著跟牆壁相去無幾，只是多了皺摺陰影的桃紅膚色；從床這邊看過去，簡直就像是牆壁被人捏皺了一樣。盯著那動物，不知道為什麼完全沒有害怕或敵意的感覺，反倒是想著，如果要是丟進塞納河裡，到底是會吸了水後慢慢的膨脹起來呢，還是會輕飄飄的浮在水面上？

「嗨。」皺巴巴的桃紅色動物雙眼溜溜地轉了一圈，定睛在我身上，舉起左手算是向我打招呼，不過那張皺縮的臉完全看不出表情，聲音也像是從很遠很遠的地方傳來的。

「嗨。」我學他舉起手來回禮，「你會說話啊。」

「你也會啊。」像是調整過了聲音，這句話聽起來不僅比較像人類，連語氣也有模仿我的感覺。

「所以你是從哪裡來的？」我指著他身後的牆壁。

我一邊回想著這個詭譎的夢境，一邊從路面電車下車，走往動物園的入口。單人旅行或是有些寂寞的，但比起煩惱這件事情本身，我更熱衷一個人遠行所允許的自由，甚至那份孤獨感有時要人上癮。

文森動物園位在巴黎東南方，隸屬於國立自然歷史博物館，建於一九三四年，占地十八公頃，飼養著在本地以及外地遷移過來的一千多種動物，園中以一座高六十五米的人造岩石山做為最重要的地標，在二〇一四年重新整修開放後，規畫為一座開放式的野生動物園。

買了入場券，通過閘門，我先漫步到占地相當廣大的蘇丹區（Biozone Sahel-Soudan），約莫有四萬五千平方米，這裡三角洲區的東非長頸鹿最為出名，在巴黎動物園出生的阿德琳是園中的明星，甚至還有推特可以追蹤動態，也是唯一見證過此地封閉、整修歷史的動物。黃褐色的草叢、長刺的灌木讓人彷彿來到了非洲大草原，細紋斑馬、羚羊、獅子靜靜的在園中棲息。

繼續走到南美巴塔哥尼亞區（Biozone Patagonie），分為草原、岩石和森林區，受歡迎的海獅、企鵝讓這裡聚集了大批人潮。

走向園中最高處的岩石山，是有著針葉林、沼澤和高山的歐洲區（Biozone Europe），瀑布附近是歐洲水獺聚集的地點，還有禿鷹。針葉林中，西班牙狼、山貓、狼獾隱藏在樹幹之間或是在岩石之上。

繼續往西走，來到有著赤道森林、小溪及河流的亞馬遜圭亞那區（Biozone Amazonie-Guyane），這裡有著最多的動物聚集，猴子、水蟒們，以及全身黑得發亮，有著淺黑色斑點異常美麗的美洲豹，從華沙的動物園運送過來。我走進了一個大型的透明頂棚熱帶溫室，在瀑布旁有著許多的藤蔓植物，眾多鳥類在此飛翔，而水底有著巨大的海牛緩緩游動著，其中的提妮斯是動物園新開幕的另外一位寵兒，重達六百公斤，身長四米，從荷蘭遷徙至這裡。

小巧的非洲馬達加斯加區（Biozone Madagascar），分為雨林和旱林，這裡有著全身鮮紅的番茄蛙、金色小蛙、青綠色的蜥蜴，盤據在樹上的變色龍、鱗片在陽光下閃爍的巨蟒，像是進入了一個打翻油漆桶的色彩濃密世界。而在一塊湖泊圍繞的小區裡，是我所夢見的狐猴所在地，小小不到五十公分的狐猴，叫做艾伐塔，是世界上最小的靈長類。身體像猴子，嘴巴像狐狸，看起來相當聰明。全身毛茸茸的，

像個絨毛玩具。

「嘿。」我舉起了左手，試圖呼喚他。

「是你吧。」

狐猴張著圓圓的琥珀色的眼睛，沒有回話。

「理所當然。」正當我想要離開，艾伐塔卻忽然捧著一顆果實跑到我的跟前，呆呆的望著我，像是想把什麼傳遞給我。然而他依然沒有說話，長長的尾巴在泥土地上擺動，在那一刻，卻似有什麼觸動我的電流穿過我的身體。

單人旅行其實並不寂寞的，旅程中隨時都有新的陪伴，用盡世界顏色的庫肯霍夫花園鬱金香、北極圈內的夕陽、奧斯陸一個出口即是森林的地鐵站、卑爾根的登山夜景、駛進赫爾辛基港口的現代郵輪、伊斯坦堡深夜裡的祈禱聲、冬夜的布達佩斯戶外溫泉……，那一刻超出想像的風景，將永遠在記憶的摩天輪裡轉動。

凡登廣場初雪

Les premiers flocons sur la place Vendôme

雪中巴黎，是難得一見的絕景。因市區群聚的建築煙囪使得暖氣集中，即使氣溫已到達零下，巴黎仍然鮮少有機會下雪。因此一旦這座城市被雪妝點為一片白色世界時，就連冷漠的巴黎人都會驚呼出聲，露出少見的笑容。車陣突然間不曉得消失到哪裡去了，廣大的道路上，只有幾個冒失在路上奔跑的少年，還有風中微弱得幾乎聽不見的塌塌落雪聲。踩著路邊逐漸累積的白，巴黎，彷彿只是自己一個人的。

我把桌上的雪花球搖動了幾下，瞬間大片的雪花落在艾菲爾鐵塔、凱旋門、聖母院的模型上。雪花球是法國人於十九世紀的浪漫發明，如此定睛看著，就彷彿會被吸入那個迷你世界之中。在這個預告初雪的上午，我漫步走到凡登廣場。從歌劇院沿著和平街（Rue de la Paix）走去，到廣場之後，四周建築陰影會一下子沒了遮蔽，陰霾天空裡的烏雲也正好散開，以中央青銅凡登柱為首，兩側壯麗排開的古典建築，展現了遼闊的視野。

如果廣場是巴黎數十種迷人陷阱之一，凡登廣場就是

其中最屏氣凝神的一個。介於杜樂麗花園與巴黎歌劇院之間，由凡爾賽宮著名建築師蒙莎建於一六八六年，它與巴黎眾多標誌物一樣，是為了紀念法國國王路易十四的輝煌功績而建。四周二十四棟古典大宅均為政商名流所進駐，建築經過統一規畫，在四個邊角以及兩側的建築物立面上飾有三角門楣，修建成標準的法式對稱形式，若有機會從天空觀看，會覺得它是世界上最完美的八角形。

將廣場妝點得畫龍點睛的青銅凡登柱，歷經眾多風波才得有今日的面貌。原本蒙莎在廣場中央放置了一尊路易十四的騎馬雕像，法國大革命時被人民以推翻王權為由推倒。其後，拿破崙利用奧斯特立茲戰役所蒐集而來的一千兩百枚大砲，熔鑄成一尊高四十四米的青銅柱，在最上方放置一尊拿破崙化身凱薩服的雕像，然而最終也不幸遭到鏟除的命運，被熔鑄為新橋上亨利四世的騎馬雕像之用，直到十九世紀末，才又重新豎起此一凡登柱。在這一個天色灰濛的上午，顯得特別滄桑。

附近的和平街原是設計師與帽子工匠聚集的地方，

一八九三年寶詩龍率先選擇在廣場二十六號開幕，這個吸引中東乃至歐洲皇室的珠寶品牌，看好當時附近全新落成的巴黎歌劇院，第一個進駐凡登廣場，選擇由拿破崙三世的情婦卡斯提里昂夫人（La Castiglione）宅邸改建的店面，是因為這裡每天可以享有長達十二小時的日光，照耀在店面門窗與典藏的藍寶石珠寶之上，閃耀出眩目的光芒。寶詩龍的開幕吸引了當時的貴族流連，卡地亞總店在一八九八年開張，尚美珠寶因此在一九〇七年將本店遷移到廣場十二號，曾是波蘭音樂家蕭邦逝世的宅邸。並接連吸引梵克雅寶、寶格麗等品牌紛紛在此聚集，近年則再添加了伯爵、百達斐麗、寶璣、勞力士等名錶大廠，與香奈兒、迪奧、路易威登珠寶專賣店，形成如今「巴黎珠寶箱」的盛況。

我走進廣場尚美珠寶（Chaumet）的總店，搭乘電梯，為了一篇報導應邀到樓上的私人博物館參觀，侍者替我收起大衣，並端給我一杯粉紅香檳。推開米白鑲有金色浮雕勾邊裝飾的大門，呈現眼前是雕梁畫棟的華麗裝潢，過道的周邊盡是鑲金的羅馬式圓柱，天花板天使彩繪壁畫顯現出一股古典的貴氣，棕色木質地板有著羅盤的圖樣，這裡原是路易十四海軍部長的宅邸，由貝朗傑建築師（Françoit-Joseph Bélanger）設計成帶有海洋風格的內裝，家具中也多有海豚等動物裝飾。

尚美由創辦人尼透（Marie-Etienne Nitot）於一七八〇年成立，他原與瑪麗皇后御用珠寶工匠合作，因此獨立開店之際便已擁有不少珠寶客戶，曾替拿破崙設計鑲有法國最大鑽石的佩劍，以及加冕時的皇冠、婚禮時約瑟芬所佩戴的后冠，是品牌津津樂道的傳奇。而杜多維爾公爵夫人送給女兒與波旁王子結婚的「波旁帕瑪皇冠」（Boubon-Parme）鑲嵌了鉑金與鑽石，更是博物館的鎮店之寶。在玻璃櫥窗之間的設計圖稿，充滿了對愛情的見證。解說員滔滔不停的說明，我有點分心的將視線望向古典大窗窗外，預告的雪尚未落下，對面正是傳奇的麗池飯店。

位在廣場十五號的麗池飯店，創立於一八九八年，是巴黎最神祕迷人的地點之一。從門口旋轉玻璃門走入，穿過花園，便能來到以鵝黃色裝潢為主的大廳，路易十六風格的沙發椅，大理石壁爐與水晶吊燈所透露出的寧靜與尊貴感，是巴黎其他地方都找不到的獨一無二。這裡是黛安娜王妃生前享用晚餐的地方，也是香奈兒認為比家裡還舒適，一住超過三十七年的場所。二戰後期，海明威喜愛在麗池的酒吧流連，溫暖的淺木頭色裝潢，沙發皮椅的圓形高腳椅，書架上有著幾本舊書與打字

機，高雅而文藝氣息濃厚，他曾說：「每當我夢見死後的天堂生活，那場景總在麗池飯店。」《流動的饗宴》手稿寫於海明威年輕旅居巴黎之時，被飯店保存了三十餘年之久，到六十歲他成名之後再訪巴黎方才取回，重新編輯成冊。

離開了尚美博物館，走在廣場中央上，我突然感覺到臉頰一陣冰透，今年的第一片雪花緩緩飄落，逐漸在地上、建築屋簷及凡登柱上，堆積成白。那些過往的祕密，也被完好地覆蓋其下。

植物園約會

Un rdv au Jardin des Plantes

朋友詢問我假日該到哪裡與第一次約會的對象散步比較好。

「布隆涅森林？」他問。

「不行。雖然那裡的玫瑰花很美，但是天黑以前就必須離開，否則人妖會把你們抓進樹叢。」

「那麼，盧森堡公園？」他又問。

「盧森堡公園周圍交通不太方便，你們該如何約碰面呢？約在地鐵口做為第一次見面的地點又似乎不是這麼浪漫。」

「塞納河畔？」

「有點老套，而且岸邊不平整的石頭路可能會讓你絆倒。」

朋友對我的巴黎人式挑剔感到不耐煩，急於想得到一個答案，於是我說：「到植物園吧！」

巴黎植物園建於一六二六年，由路易十三所設立，原為一座藥草園，專門提供國王用藥所需，並設有學校教授植物學、藥草學，後來擴大成為一座皇室植物園。介於巴黎清真寺、塞納河、奧斯特立茲車站之間，占地二十三公頃的廣大面積，可以找到世界上數種罕見的植物、花草與藥草。設有季節花園、玫瑰園、鳶尾園、阿爾卑斯花園等，國立自然歷史博物館（Musée national d'Histoire Naturelle）是園中地標，分為收藏了長毛象等大量動物、植物標本的大進化館、礦物館、古生物學與比較解剖學館，並有一座植物溫室和一座全世界第二古老的動物園。植物園是市中心最廣大的綠地公園之一，也是巴黎最悠閒宜人的好去處。

碰面的時間適合選在下午三點，陽光正好的時刻，不妨與約會的對象約在奧斯特立茲車站（Gare de Paris-Austerlitz）側的門口，從瓦雨貝廣場（Place Valhubert）走進來，廣闊美麗的花園便在眼前展開，盡頭是自然歷史博物館壯麗雄偉的建築立面。走在沙地鋪成的路上，你可以隨口不經意的透露對植物的研究，這個時節遍地盛開的罌粟花，又或是此處一七三四年便種下的黎巴嫩雪松，她肯定無法聽得明白，卻會被你話題中的熱情所吸引，眼神中流露出感興趣的訊息。園中雕像林立，時常招來鴿群棲息，只要認得一座最出名的即可，那便是看來沉默，坐在椅子上，左手停靠著一只鴿子，擴建植物園工程中最偉大的博物學家布豐（Leclerc de Buffon），被任命為皇室植物園管理員期間，他將此地擴張為自然科學相關研究中心，並引來世界各地的植物，同時也在這裡花費五十年寫出巨

著《自然史》。

接著走向兩側由高聳梧桐樹圍起的林蔭步道，樹端經過細心的修剪，是園中最適合散步的浪漫大道，更難得的是，此處觀光客稀少。微風吹起，樹影婆娑，舒服且迷人，你可以拿出背包中的筆記本，向她展示一點最近的得意服裝插畫，然後隨意選張長椅坐下，聊聊天貼近彼此的距離。

接著到自然歷史博物館參觀大進化館（Grande Galerie Evolution）吧！迎面而來是大型鯨魚骨架，還有長毛象、獅子、河馬、犀牛、長頸鹿、駱駝的等比例標本，像是諾亞方舟般浩大的展示在一樓的空間之中，無論是兒童或成人都直呼驚奇。光線透過巨大的玻璃頂棚照耀下來，你或許就會想起電影《阿黛爾的冒險》中那隻從恐龍蛋化石中孵化而出，撞破玻璃飛向天空的恐龍，她如果也想到了一樣的場景，便可以確定你們電影品味相近。再到植物溫室裡散步，近距離觀察來自世界各地多種茂密的樹叢，分成熱帶雨林區、太平洋島的新克里多尼亞區、滿是仙人掌的乾燥區、介紹植物化石的植物史區四個部分，最值得一看的熱帶雨林區，氤氳的空氣彷彿在真實叢林中探險，別忘了帶她尋找那棵一七四七年便存在的槐樹。

再到十九世紀建築的古生物解剖館（Galerie d'Anatomie comparée et de Paléontologie）去瞧瞧各種動物骨骼吧！藏有各式稀奇古怪的骨骼模型，在貼近自然的環境中，心可以逐一的靠近。而收藏有一千兩百多種動物的動物園（Ménagerie）中可愛的小獼猴一定會吸引她的眼光，成群在草地上休息的駄羊，甚至會讓人有一種自己才是被觀賞的動物的錯覺。

步出植物園，從聖伊萊爾路（Rue Geoffroy Saint-Hilaire）的出口來到建於一九二六年的巴黎清真寺。這是一個時髦的晚餐場所，洋溢著滿滿的異國情調，去嚐嚐「布理克」（Brick），一種以餅皮包裹起司和肉末去油炸的美味前菜，還有「庫斯庫斯」（Couscous）一大盤小米，配上蔬菜湯汁與肉類一起食用的主菜，再調和一點店家自製的辣醬，讓人感到飽足之外，還能體驗一起分食的樂趣。一杯飯後溫熱甜蜜的薄荷茶已然飲畢，卻彷彿聊不盡的話題，有待下一次的見面再續。

布隆涅森林的賽馬

Course au Bois de Boulogne

「我們能不要用您互稱嗎？」

「有何不可？」

「您的動詞變化很麻煩，而且讓人感覺相當疏離。」

「可是我們之間的距離就像一場賽馬比賽，還沒有跑到能清楚看見馬匹的位置的時刻。當群眾高聲歡呼、越過終點的那一刻，再用你來互稱，不覺得相當激情嗎？」

這是我在賽馬場上和一位陌生人的對話。法文中的「您」（Vous）與「你」（Tu），用途其實相當曖昧，未必相熟的人一定得要使用「你」稱呼彼此，不認識的人也並非就得用「您」來稱呼對方，這個「您」與「你」之間的距離，有時就像賽馬中的障礙賽一樣，一下子就跨越了好幾道防線，有時卻像平地賽事，得跑好幾圈才能到達終點。

一般的情況下，不認識的人，必須要用「您」來稱呼表示尊敬，如果是長輩或是上司、客戶，除非對方先說可以用「你」來互稱，否則一律得用「您」，若是一時不察誤用，會引來對方不悅，因為突然拉近距離，會讓人感到很不自在。這也就能解釋為何路上搭訕的男人們，一定會用「妳」來問好，目的就是想藉此拉近彼此距離。反過來說，想要故意留下距離的時候，也可以將本來習慣用「你」的說話方式改為「您」，會一下子就能把兩人隔得很遠，也會讓對方對於這個突然的改變感到錯愕。這便是法文細微的奧妙所在，也是這個語言如何緊密地控制使用者和他人的關係。

每年十月初的凱旋門盃大賞，是世界上最重要、也是獎金最高純種賽馬比賽。從馬約門（Porte de Maillot）搭乘公車，便可直達巴黎西南方布隆涅森林中的廊香馬場（Hyppodrome de Longchamp）。開幕於一八五七年，這裡是世界上最美的馬場之一，占地五十七公頃，有七千坪米的草坪、一處觀景餐廳以及一座磨坊。獨特有彈性的跑道設計，可容納各種規格的賽事。從門口進入後，四處充滿了與我一同湊熱鬧的遊客、帶著孩子觀賞比賽的家庭，馬票亭附近則有人拿著馬報，專心研究該如何下注。走上通往看台的階梯，則會來到賽馬跑道旁的草坪區，寬闊的視野與貼近的距離，不由得讓人產生了一種期待與興奮感。

賽馬的意義在於他的文化，在熱愛馬匹的法國，賽馬不只是觀賞比賽，還能成為馬主，體驗從餵養、訓練到觀看賽馬的整套過程。而賽馬場的社交氣氛亦是獨一無二的，整個場地瀰漫著一股濃厚的雪茄味，彷彿只在電影中出現過，彬彬有禮的紳士們叼著雪茄閒聊著彼此的賽馬經，穿著簡單卻質感絕佳的西裝，看起來各個都背景不凡。戴著誇張大禮帽、穿著裙裝與手套盛裝出席的淑女們，更是會場的重點之一，她們端莊的靜坐在椅子上，極樂意成為鏡頭下的一分子。

馬場上聚集了許多喜歡碰運氣，相信一夜致富的人，也有做足功課，相信勝券在握的人，畢竟天氣、對手、馬匹情況等細節都能影響到最後的結果，比起買樂透與機率拼鬥，更需要經驗與知識累積，這也是觀賞賽馬的其中一種樂趣。偶爾我也湊熱鬧去買幾張一注兩歐元的彩券碰碰運氣，賭馬許多複雜的規矩，有「獨贏」和「位置」兩種最簡單的買法，「獨贏」即是猜中哪一匹馬會得到第一，「位置」則是猜中前三名的任一匹馬，選好想下注的馬匹後，到窗口買彩券。上面密密麻麻的表格，若看不懂的時候，就選擇最熱門的那匹法國馬吧，有時倒能贏得幾頓晚餐錢。

每半小時一場的比賽，半天下來能看個七、八場。訓馬師調整好馬的情緒，再由選手帶出繞場一圈，做短暫的熱身，並藉機讓觀眾做近距離接觸，以決定該對哪匹馬下注。最後響亮的音樂響起，全場一起替自己選中的馬匹搖旗吶喊，直到衝刺的那一刻，等待已久的情緒全都爆發出來，短短幾分鐘的時間勝負底定，看台顯示出前三名的馬匹名字，留下一地歡欣與失落交錯的群眾。那種滿懷希望，緊張、雀躍的情緒，不親臨會場便難以體會。

去不了馬場的日子，就到街坊上的賽馬咖啡館（PMU）看比賽吧。掛著招牌，外觀有股陳舊的氣氛，卻存在巴黎每個角落，這種咖啡館具複合式功能，既賣咖啡與餐點，也賣彩券和香菸。買馬票的人有時會突然不約而同的聚集，排成了好長的隊伍，有時卻是一個上午都冷清。裡面的桌子通常會有幾個住在街區裡，十幾年都

6
QATAR

來此賭馬的大叔，看著報紙，無所事事，點一杯啤酒便能待上一個下午。

在這樣的店內，如果在點啤酒時說出「bière」這樣的通關密語，即便說的是法文，可是馬上就會被視同為觀光客的。大杯五十毫升的啤酒必須說「une pinte」，小杯二十五毫升的則是「une demi」，白啤酒的話則是「une blanche」。直接說品牌名稱也更會顯得像在地人，例如「16」或是「Leffe」啤酒。不一定在酒單上卻每家都能做的隱藏品項甜啤酒，像是加入檸檬汽水、紅色石榴糖漿的「Monaco」，或是一半啤酒一半糖漿的「Panaché」都很受到女孩子們歡迎。若能如此點酒，服務生的態度也會好轉，甚至可能收到夾在帳單底下的電話號碼。在這一座密語能跨越距離的城市裡，隨時像馬匹一樣準備出場是必然的課題。

下個週日，一起去廊香馬場看賽馬吧。

鐵塔午夜一點

La Tour Eiffel à une heure du matin

凌晨時分的巴黎街頭，時常冷清至極。這座城市不如東京或紐約，在入夜之後，令人耳膜鼓脹的音樂與食物美酒促成的晚宴只供各家獨享，密碼深鎖的大門之外，只有疾駛而過的計程車，些許不安的晚風吹拂過梧桐樹葉，在黑夜籠罩之下唯一明亮的轉角，點著白鎢絲燈有如暗夜中的避風港，是深夜的雜貨店。

這種雜貨店能找到各式應急的商品，從水果、牛奶、礦泉水到電燈泡、衛生紙、螺絲起子，尤其大型商店都關門的週日，在沒有便利商店的巴黎想找東西解饞的時候，它就是唯一的救生筏。半夜裡看店的多半是膚色黝黑的中東人，時以帶有口音的法文向我們搭話，或許是生意不好的關係，常會故意算高價格，被察覺之後，才洋裝不知情的改為原價。他將一包豬肉丁、一盒蘑菇、一顆洋蔥與肉醬裝入塑膠袋，拿出皮夾中的鈔票付錢，和我一起漫步走回十五區的公寓。

位於艾菲爾鐵塔南方，十五區位在巴黎邊陲地帶，時常被稱為「巴黎的沙漠」，一共約有二十三萬的居民居住於此，放眼望去，盡是奧斯曼式的古典建築住宅，假日的時候，常有攜帶孩童的家庭，在社區中的公園玩耍。一棟黑漆漆不討喜的蒙帕拿斯高樓，建於一九七三年，是區內唯一的景點，除此之外，在這個深夜裡就只有偶爾呼嘯而過的消防車聲響，一切安靜得彷彿能將心的深處都吞噬掉。他將蘑菇與洋蔥切片，把豬肉丁的包裝打開來，以小火微煎出油，並將盛水的深鍋放在電爐上，等水煮沸了之後，便投入一小匙鹽與義大利麵續煮。

天花板米白色的牆上有著白色的飾條及花紋，臥房裡擺著一張寫字枱、兩把仿路易十六式的木質扶手椅，床單是深棕色搭配森林綠的色調，客廳有一只方型的原木餐桌，書櫃上有幾本手掌開本的小書，其中一本是《如何一個人在巴黎生活》，我拿起來翻了翻，空氣中慢慢散發煎洋蔥的香氣。初到巴黎的他，懵懂摸索在這座城市生活的要訣，讓我懷念起在阿薩斯街的日子，那一個房間也和這裡一樣，散發著略白的色溫，變壓器、轉接頭以及法文字典，處處顯示著異鄉人的氣息。「聽過喬治巴桑嗎？」在等待義大利麵煮熟的時刻，他拿起放在角落的木吉他，熟練地按著弦，彈了起來，那是《奧佛涅之歌》（*Chanson pour l'Auvergnat*）。

「一個人住在這座城市需要什麼方法呢？」他問。

我想了想，「或許最需要的是運氣吧。」

「因為很多不確定的因素嗎？」

「因為這個世界意外的現實。」我說。窗外遠方的艾菲爾鐵塔，正好閃爍起十二點的亮燈。而計時器也在這時響起，他把義大利麵從深鍋中撈出，以冷水沖過，淋上蘑菇肉醬盛盤，然後關上了室內燈，點亮了桌上的小蠟燭。瞬時，房間的溫度似乎提升了一兩度，我們安靜地望著窗外的鐵塔閃爍，用叉子捲著微溫的義大利麵，攪拌著醬汁。在那個燈火幽暗的空間之中，說不出口的疑問與現實的距離在此碰撞，最後都無形地消失在他米白色的牆面上，直到天幕微亮。

位在戰神廣場，艾菲爾鐵塔是為了一八八九年萬國博覽會所興建，由建築師古斯塔夫艾菲爾（Gustave Eiffel）設計，一共耗去了兩百五十萬只卯釘，只花了二十六個月就完工。這座高達三百米的巨大鋼鐵建築，刷新了當時的建築物高度記錄，新穎的鋼鐵設計即使今日在巷弄之間見到，都仍有新鮮感。然而建立之初鐵塔並不受到巴黎人喜愛，甚至引來市民的聯名請願要求拆除，因為無線電的發明才得以保存，如今卻成為了愛慕巴黎的觀光地標，也是巴黎被愛慕的象徵。

「一個星期之中，週五、週六還是週日，哪一個最吸引人呢？」他問。那個週六的早晨，我們一起到十五區附近的自助洗衣店，他把待洗的衣物塞進洗衣槽，在預洗與清洗槽內倒入洗衣精、柔軟精，蓋上門蓋後，到投幣機付費。選擇號碼之後，投下硬幣，機器便開始運轉。

我想了想，「週五吧。距離下週還有兩天，假期才剛開始的感覺。」

「我也是。」他微笑著。「週五留給朋友，週六留給喜歡的人，週日則是留給自己。」

「是吧，尤其是週日早晨。」

「對啊。」他說。「我從來沒有在自助洗衣店洗過衣服。」

他補充。望著堆積了幾週的衣服在烘乾機中翻轉，抵達這座城市的日子也同樣迅速累積，從個位數逐漸加到了十位數。

「這也是自己一個人在這裡生活的方式之一。」我說。

「洗衣服嗎？」

「不只是投幣這麼簡單。在這裡，任何事情都不簡單，無論是決定一條散步的路徑，或晚餐的內容，有時候，光是這些就足以令人筋疲力盡。」

似懂非懂的神情，只是因為巴黎人履歷還不夠資深。

一九八五年年底，工程師畢多（Pierre Bideau）設計以三百三十六盞橘黃色的燈泡裝飾鐵塔，每當夜晚來臨，燈光點亮，這座鋼鐵建築在夜裡有了另外一層面貌，也讓城市多了一分溫柔的氣息。兩千年之際，在黃燈之外增設了兩萬顆白色燈泡，以手工布置在塔身四面，夜裡於點燈之外，每個整點白燈會閃爍五分鐘。而午夜一點的熄燈儀式則將黃燈熄滅，只剩白燈閃爍，最為特別。

和他走在十五區南端一段雙軌軌道上，這裡曾是十九世紀環城鐵道（Petit ceinture）鋪設的地點，長三十二公里，當初原做為運送物資與對內溝通的交通網絡，有些穿過了如今讓人望而生畏的隧道，有些則通過高架橋，有些則在路面，載客量最高時曾達到三千多萬人次。然而在地下鐵開通後，逐漸失去作用，廢棄後成為植物與夜行動物的溫床，有很長一段時間不再被人們記起，而今奧利維德賽爾路（Rue Olivier de Serres）與聖夏爾勒路（Rue Saint Charles）之間經過整治，變成了一公里長的散步步道。百年來的歷史在此無聲蔓延，很帶有點神祕意味。

「聽說一起看到熄燈的人，會很幸福。」走在雜草蔓生的鐵道旁，他說。

「因為熄燈之後沒有地鐵，只好一起回家的關係嗎？」我取笑著。

他微笑著，腳步停了下來。「那麼，我們一起去看熄燈好嗎？」

夏佑宮前廣場上，聚集的人潮們紛紛拿著相機與手機等候著這一刻到來，充滿了期待的氣氛。「五、四、三、二、一！」廣場上的人群開始歡呼，凌晨一點的鐵塔，兩萬顆白色燈泡獨自閃爍，在夜空中就像竄動的流星，如此美，如此動人。數分鐘之後，突然完全熄滅，鐵塔彷彿消失在夜空之中，留下一地驚嘆。

然而記憶卻以一種緩慢的速度在逐漸模糊著，如越來越對不準的焦距，最後讓人竟再也看不清那個曾經如此清晰的側臉。午夜之後，深夜雜貨店燈光依舊亮著，像燈塔照亮回家的路，然而那只是一種臨時的溫度，天亮以後，我們就該曉得離開。

天鵝島散步

Une balade sur l'Île aux Cygnes

巴黎西南邊的塞納河上有一座人工河心島，全長八百五十米，寬僅十一米，窄小而狹長，布滿詩情畫意的林蔭美景，也有個夢幻的名字，被稱為「天鵝島」。這裡是適合散步的首選地，喧鬧的花都市中心最後一片靜謐之處，推薦給善於獨處的人。

從地鐵比爾阿坎站（Bir-Hakeim）出來，便是分有上下兩層的比爾阿坎橋，上層為地鐵六號線通行的露天鐵道，下層為人行及車道，若搭乘六號線在上層通過，可眺望由塞納河至艾菲爾鐵塔的動人美景。若走在下層道路，高架鐵橋並排的支柱排列出一個彷彿無止境的走道，感受兩側呼嘯而過的車潮，一切似乎變得不真實，像在夢境一般，是電影《全面啟動》（*Inception*）的著名拍攝地，也曾出現在《巴黎最後探戈》（*Le dernier Tango à Paris*）的開場第一景。沿著橋走到中心處的小陽台，其上立有一尊象徵法國復興的青銅騎士雕像，遙指著艾菲爾鐵塔。

再從這裡穿過馬路沿著往下的階梯，便可來到這座位在塞納河上的天鵝島。建於一八二七年，兩側有次序對稱而種植的樹木，多達三十幾種，在這個季節呈現了自深綠、淺綠至鵝黃的漸層色，而一旁的塞納河河水亦是墨綠色的，在陽光下緩緩的流動，表面不時閃爍著光芒，偶有幾隻野鴨戲水，讓人憶起關於米哈波橋（Pont Mirabeau）的那首詩，李奧費雷（Leo Ferré）低沉而迷人的香頌旋律開始在腦海裡揮散不去，不發一語地回想起一個許久不曾出現心上的臉孔，與此時分隔兩地無可奈

何的距離。一群慢跑的人帶開了思緒，繼續在樹蔭下這條被稱為白鳥小徑的道路上緩緩前行著。京都鴨川沿岸也有條同樣迷人的小徑，春天裡開滿了枝垂櫻，在陽光下獨自騎著單車慢行賞花，如同此刻讓人舒服得捨不得離開，甚至有了一種不願分享給任何人，這一處隱密世外桃源的念頭。

在隨處都有的鐵鑄長椅挑個好位置坐下來，從袋中拿出準備好的野餐組合：鋁箔紙包裹的一份燻鮭魚三明治、一些裝在保鮮盒裡的迷迭香小雞腿和一點番茄乳酪沙拉、開心果口味的閃電泡芙、一罐清涼的柳橙汁。天氣晴朗的時刻，在戶外野餐，會是件比上餐館還更迷人的事情，只因此刻空氣中流動的芬多精，與一旁饞食卻怯生生的鴿群，甚至是偶然掉落餐盒上的一片樹葉，均不屬於任何一種旅遊公式計算得出，是只存在當下的一種神祕快活，隨興所致的人限定。

往右手邊望去，是巴黎十六區的高級地段：帕西地區（Passy），在這一整排的奧斯曼式米白色灰藍屋頂住宅建築群裡，聚集著談吐優雅、行事低調的巴黎貴族，盡是以打扮時髦，品味出眾聞名的帕西女孩。這一帶的巴黎人，一身簡單卻質感絕佳的西裝與裙裝，開著一台古董老爺車與挽著一只昂貴手袋，輕而易舉的顯露身世不凡。

蓋上餐盒，悠閒地繼續往前慢行。在天鵝島的底端，有一座法國藝術家巴托迪（Frédéric Bartholdi）打造的自由女神像，由定居美國的法僑捐贈給巴黎市政府，以

慶祝法國大革命一百週年紀念，基底刻著兩個數字，一七七六與一七八九，分別代表美國獨立與法國大革命的年分。一手挽著書，一首高舉自由火焰的青銅色女神背對著鐵塔，面對西方，以呼應在紐約的那一座姊妹雕像。如果此時正巧拿著一杯罐裝咖啡與貝果，就彷彿有身處紐約的時空交錯感。

放逐了自己兩個小時，在天黑之前，不如就到鄰近塞納河上的船屋，點一杯與夕陽共享的香檳雞尾酒，在沒有收集到十個落日以前，絕不輕易說離開。

彩色香頌

Une chanson à la rue Crémieux

巴黎的東南角貝西（Bercy）地方，是一個鮮少被提及的地區。它不像香榭大道如此廣為人知，也不若瑪黑區永遠有逛不完的小店，甚至不像聖傑曼地區有獨到的左岸藝術氣息，但這裡卻是巴黎最古老的村莊之一，歷史甚至可以追溯至新石器時代。行政區域上屬於第十二區，緊依塞納河畔，從前曾是葡萄酒批發集中處與交易市場，如今因為都市再開發的計畫，舊時的酒倉遭到拆除，改建成財政部的辦公大樓，貝西也因此成為時事新聞中經濟相關單字的別稱。

和他在一起之後，衣櫃裡的衣服不再只是黑與白，我也開始慢慢接受一件花紋枕套、橘黃色大衣，甚至是條紋的浴室地墊。朝九晚五的日子亦被打亂，喜愛全盤預先做好的旅行計畫，也變成了邊走邊想。或許因冒險才能獲得的意外驚喜，值得賭注一場，這是他所帶來的改變。這個天氣很好的週日下午，我們啟程尋找一條巴黎的彩色街道。

從巴士底廣場，沿著兵工廠河濱花園（Jardin du Port de l’Arsenal）散步，這一段狹長的步道綠意盎然，遍植玫瑰、忍冬與鐵線蓮，和煦暖陽的下午，十分舒適宜人，空氣中聞得到花香的味道。兵工廠河港（Port de l’Arsenal）是聖馬當運河的延伸，在查理五世城牆壕溝的基礎上開鑿，原本用於貿易使用，來往船隻在此卸載葡萄酒、木材與糧食，而今沿岸停滿數百艘私人船舶，是巴黎少見的海港風情。有人正在修理船隻，有人在甲板上悠閒地飲用一杯紅酒，有人在船艙裡片刻小憩。沿此

路在貝西街（Rue de Bercy）左轉，再稍微步行些許，即會發現這條迷人小徑：克米爾街（Rue Cremieux）。

一八六五年開通，介於貝西街與里昂街（Rue de Lyon）之間，離里昂車站只有幾步路的距離，一百四十四米長，七點五米寬，克米爾街是一條充滿了彩色小屋的街道，原名為米樓大道（Avenue Millaud），後來以一位法國政治家的名字重新命名。這裡打破了巴黎所有規則：奧斯曼式的米白灰藍不再是唯一的規矩，三十五棟漆成藍色、綠色、黃色、粉色飾以各種壁畫的小屋在兩側延展開來，顯現出了一種奇異感，讓人想起倫敦的波多貝羅街，又或是威尼斯的慕哈諾島，總之，不似巴黎。

這裡擁有令人舒適的色彩，像一盒打翻的馬卡龍，又像一幅將巴黎黑白街道塗色的著色畫，即使顏色相近的小屋，也經由不同的壁畫顯現了主人的個性。二十八號小屋的窗口繪有一隻跳躍的貓，而對面二十一號淡綠小屋牆壁上那株壁畫的紫藤花，與牆旁刻意擺上的相同植物，讓人乍看之下真假分不清楚。每扇大門顏色也經過精心的挑

21

選，與彩色外牆互相襯托對比。克米爾街，是城市中一首呢喃的彩色香頌。

街上充滿了平靜與度假的氣氛，屋前擺有幾張躺椅，彷彿隨時能坐在這裡曬太陽。這天似乎是「鄰居節」的睦鄰會，街道上掛滿了彩色旗幟，中央木桌上擺放了果汁與葡萄酒、餅乾、紅蘿蔔、橄欖沙拉。看到我們充滿好奇的往小屋裡張望，一位老伯伯熱心的邀請我們入內參觀，他的小屋漆成了綠色，門口種植了許多薄荷葉盆栽，一道門前小階梯，讓人能夠拾級而上。

「進來吧！」踏進小屋，屋內與外面一樣的充滿色彩，牆壁是淡綠色的，有幾面貼上古典花紋的壁紙，在天花板處裝有金色的飾條。走上把手漆成深紅色的木頭階梯，牆壁上，掛著似乎是老伯伯家庭成員的合照。二樓的一側是臥室，一側看起來像是客房，再往上走，三樓則是用來放置雜物的小閣樓。我們下樓，回到客廳，一隻長毛的胖貓在屋裡走來走去，唱盤機播放著Indochine八〇年代的法式搖滾歌曲《*L'Aventurier*》。

職業是攝影師的關係，老伯伯在一樓客廳中擺放許多巴黎的舊時照片，其中包括了磊阿勒遷移到翰吉斯之前的舊市場照，還有一張一九一〇年塞納河淹水的古董照片，「我父親說，這條街曾經淹到一米七五那麼高呢！」老伯伯從位在地下室的廚房拿來了幾瓶酒和三個杯子，一邊說著。

「要不要嚐一點茴香酒，我從南法帶回來的，很難得喔！」

「那我們就喝一點吧。」他說。

老伯伯將帕斯蒂斯茴香酒倒入玻璃杯中，再加入一些水混淆變成了乳白色，遞給我們。茴香酒喝來有些八角的中藥味，或許看到我面有難色，老伯伯順手拿了過去，替我重新調製一杯黑醋栗混以香檳的皇家基爾酒，「香檳就是給女孩子喝的啊。我還是喜歡帕斯蒂斯！」他這麼說著，又再給自己倒了一杯茴香酒。「你們看到了那些巴黎的老照片吧。」老伯伯說著。「以前磊阿勒還是中央市場的時候，可熱鬧了！我時常跟著我母親到那裡買菜。那時也還沒有蒙帕拿斯、龐畢度這些醜陋的建築！」

「巴黎真的是變了許多哪……」老伯伯繼續嘀咕著。窗外的鄰居節活動仍然熱鬧地持續，甚至有些人開始演奏樂器與跳舞，過去的記憶混和以歡樂的時光，忙碌和這裡扯不上邊，這是克米爾街獨有的風情。

告別了老伯伯，我們走到附近的綠色步道（Coulée verte），繼續這週日下午悠閒的散步。步道由巴士底到貝西之間的荒廢火車高架鐵道改建，長四點五公里，貫穿了整個十二區，下端則是做為陶藝、玻璃、瓷器等藝術家工作室用的拱廊橋。遍植的綠樹，在這個春日已經開始長出新芽，有著無限的活力。這裡讓人想起紐約雀兒喜的鐵道空中公園，亦是《愛在巴黎日落時》的電影場景，許多在此慢跑、閒聊的市民，悠閒的度過週末。我們一邊走著，一邊欣賞旁側的建築，由於位置很高的

關係，能觀察到平常不易注意的三、四層樓住家。

「你想住在哪一種顏色的小屋呢？」我問。

「都可以啊。」一向不會清楚選擇黑或白的他，如此說著。

他停頓了一會兒，繼續說：「但可以確定的是，妳也會在那裡。」

巴黎的時光似乎永遠沒有盡頭，在夕陽落下，晚餐以前，我們還有好長一段時間可以散步。

享樂大道

L'hedonisme sur les Grands Boulevards

入夜後的家鄉街頭，滿是鹹酥雞與滷味攤販、紅豆餅、泡沫紅茶店、冒煙的燒烤攤與熱炒店……異鄉人最害怕這些話題，只怕一聊開，思鄉的情緒氾濫，苦撐在異地生活的信念便要潰堤。在巴黎，路邊攤種類相當稀少，除了可麗餅，三明治、烤肉小攤，最常見的就是冬天的烤栗子火爐推車。

小販舀了一匙大鍋裡的栗子，裝在報紙捲成的三角袋裡給我，剖開略微烤焦的燙手栗子，撲鼻的香氣中帶有一絲淒涼，總讓我想起畫開火柴的小女孩。在這個燈飾閃爍、繁華熱鬧的十字街口，頂著寒風賣栗子維生的攤販、穿著華服一日撒下百萬鈔票購物的富豪、自夜店徹夜未歸的年輕人、期待與偶像在電影院握手會見面的影迷、趕路而過的銀行職員……各樣形形色色的人們，在大道之間交錯而過。

大道是右岸，也是十九世紀巴黎的重要象徵。

自高盧羅馬時代起，巴黎一直為眾多的城牆所包圍保護著，屢戰屢勝的太陽王路易十四興起了即使不建城牆，巴黎依然是一座不可輕易奪取之城的概念，將過往查理五世和路易十三的城牆拆除，在瑪德蓮與共和廣場之間修築起了四公里長的「大道」（Boulevard）。命名來自荷蘭文，意義為在堡壘外牆的防禦性牆垛，後來轉義為建築在舊時城牆之上，遍植綠樹的大道，也可以做為城市外圍的概念。

就像伊夫蒙當（Yves Montand）那首膾炙人口的香頌《*Les Grands Boulevards*》說的，「我喜愛流連在大道上，有如此多的事物可以張望。」莫泊桑筆下的「漂亮朋

友」（Bel ami）主人公杜洛瓦亦最愛在此流連忘返，穿梭於上流社會的貴婦宅邸與記者界的圈子之間。在城牆被拆除，眾多寬闊的林蔭大道建成之後，新穎的劇院、電影院、咖啡館、餐廳紛紛在此聚集，大道區遂成為新一代的享樂天堂。

從瑪德蓮廣場（Place de la Madeleine）開始逛起，這座一八二四年建立的廣場，中央聳立著瑪德蓮教堂，為了紀念拿破崙軍隊的榮耀，宏偉的五十二根科林斯圓柱，其數字正巧與拿破崙享年歲數相同，讓人感到震撼。廣場四周是多種高級食材聚集的場所，包括魚子醬、第戎芥末醬、松露，其中以時尚華麗著稱的佛雄食品殿堂（Fauchon），在一八八六年創立，多達萬種食品與伴手禮選擇，這裡以上好的各式口味瑪德蓮蛋糕出名，這種源於洛林省的小點心，由蛋黃、麵粉加入奶油烘焙而成，獨特的扇貝形狀是法國人童年的回憶，就如家鄉街頭的雞蛋糕，也是作家普魯斯特在《追憶逝水年華》裡懷念不已的滋味。帶幾片刀工一流的師傅仔細切下的生火腿，以及以松露、無花果入味的各式鵝肝醬罐頭回去嚐嚐吧，舌尖打轉的美妙滋味會讓人難忘。

由瑪德蓮廣場往北，便會接上以改造巴黎的塞納省長命名的奧斯曼大道（Boulevard Haussmann），這是巴黎最繁華的一條大街，跨越了第八、九區，聚集了興業銀行、瑞德集團、瑞士生命保險集團等大型企業辦公室，普魯斯特亦曾居住在此街一百零二號。比鄰而居的拉法葉百貨與春天百貨，是大道上最主要的購物中心，在此聚集全世界的名牌，聖羅蘭手袋、保提嘉皮夾、愛馬仕手錶、尚美鑽石項鏈、寶格利戒指、日墨瓦行李箱……這條創出比紐約布魯明黛爾、東京伊勢丹百貨更高營業額的大道，總是人潮洶湧，打折季或是聖誕節前，匆匆而過的行人無不手上掛滿了購物紙袋。一八六五年建立的春天百貨，有著裝置藝術風格的建築外觀，灰藍鑲金的圓頂帶有尊貴的感覺，巴黎人喜愛到此欣賞充滿美夢一般生動的聖誕櫥窗，是自創立之初即保留下來的傳統；巴黎人也去居家館頂樓有著寬闊風景的觀景餐廳用餐，是附近上班族約會的祕密基地。一八九三年，隨後建起的拉法葉百貨，更像一棟十九世紀的博物館，被列入歷史古蹟，拜占庭風格的彩繪玻璃穹頂是內部必看的重點，此外古典雕花電梯通往每層環形的長廊式購物通道，細心裝飾著雕花裝潢。這裡的頂樓平台也能眺望自歌劇院一帶，以至於蒙馬特聖心堂的動人景觀，是約會的好地點。

與奧斯曼大道東段相連的蒙馬特大道（Boulevard Montmartre）一帶是傳統法式餐點與下班飲酒的天堂。在與蒙馬特區街（Rue du Faubourg Montmartre）的街角，勒布列邦啤酒屋（Le Brebant）是法國作家龔古爾兄弟喜愛前往的餐廳，十九世紀時由德澤各旅館改建，昏黃燈光，大片鏡牆與木頭酒吧台，顯現出美好年代的氛圍。每逢生蠔的Ｒ季節時（九月至十二月），最適合來這裡點一盤有著螃蟹、海螺、淡菜及生蠔的海鮮盤大快朵頤。往蒙馬特區街裡邊走去，不遠處就能看到夏提耶（Le

Bouillon Chartier）餐廳前大排長龍的隊伍，身為大道區最受歡迎的餐廳，夏堤耶的價格自一八九六年創立之後，歷經法郎轉換歐元的世代，卻無太大改變。冬天裡點用一碗一歐元的蔬菜濃湯，讓人大呼超值，也能吃到有如老奶奶料理的烤土雞、燉菜、牛肚等法式家常菜，飯後再點用加了香提伊奶油的巧克力蛋糕，也不過二十幾歐元。列入歷史古蹟的美好年代風格裝潢，與金色的掛衣杆，讓人能想像上個世紀的風情。穿著黑白制服的老服務生，幾乎都在這裡工作了大半輩子，每個人都能將菜單價格倒背如流，結帳時直接寫在桌紙上計算，能比計算機還迅速。

順著蒙馬特大道一路往東走，會接上魚販大道（Boulevard Poissonnière），眾多過往的劇院因生意凋零如今改建成電影院播放電影，往昔的劇院沙發椅卻讓觀賞電影更加舒適，而華麗裝飾也是懷舊主義者的最愛。大道區亦是世界上第一部電影誕生的地方，一八九五年盧米埃兄弟在卡布辛大道（Boulevard Capucine）上的一間大咖啡館，為其拍攝的數部短片進行首映，造成轟動，原址現在還藏身在史考柏五星級酒店內。黑克斯（Le Grand Rex）是巴黎最古老，也是歐洲最大的電影院，能容載兩千八百位觀眾。一九三二年建立，自遠處就能望見的裝飾藝術風格高柱最為出名，巴洛克式華麗的宮廷風內裝，裡頭有一間裝飾有燦爛星光夜空的大廳，是過去明星舉行豪華晚宴的地點，在大戰期間亦曾被德軍占領使用，現在亦經常舉行電影首映會。黑克斯亦有著知名DJ進駐的大型夜店，David Guetta亦是從這裡開始紅遍全

球。

入夜後的大道區亮起霓虹燈，充滿夜的媚惑力，將巴黎人吸引至此，這裡不像聖傑曼德佩區的爵士酒吧需要凝神細聽，「Santé !」互道乾杯、吵吵鬧鬧的喝著啤酒，與鄰座的陌生人搭話，才符合大道區的精神。順著魚販大街會來到劇院聚集的繃奴維爾大道（Boulevard Bonne Nouvelle），吸引巴黎人的夜裡戲法，是此區每晚公演的單人秀，以法式幽默描述每個主題，連臉皮緊繃的巴黎人亦會哈哈大笑。欣賞完戲劇，到這附近的城市咖啡館（Delaville Café）稍事歇息，現址在百餘年前曾是歐洲最大的高級風月場所，對當時正走向美好年代盡頭的巴黎人來說，是夜裡最溫暖的一個角落。幾經轉手，時光流轉的痕跡，造就了城市咖啡館建築的多種風格：面對馬路的露天座位，在夏天向來是最搶手的位置；而天花板有著馬賽克裝飾畫、燈光昏暗的餐廳酒吧區，則有現場DJ播放音樂，用餐時間總是客滿；適合談話的內廳以不規則的牆面裝飾，牆上擺飾著鹿、野豬與羚羊頭，搭配同樣不規則造型的紅皮沙發，十足的後現代巴洛克。踩著大理石階梯走上二樓，這裡保存著過往的希臘式廊柱，沙發椅、石桌、壁畫勾勒出往昔拿破崙三世風格的空間，標準老巴黎的一流氣氛，每天從早晨流轉至夜深。

沿著聖馬當大道（Boulevard Saint-Martin）走至共和廣場（Place de la République），這裡是大道區的終點。共和廣場以前曾是查理五世城牆上的堡壘，如今是一個有著七條大街以及五條地鐵線路匯集的大型廣場，占地三公頃，時常聚滿玩滑板的青年們。中央一座法國瑪麗安女神青銅雕像，右手拿著橄欖枝葉，左手扶著人權宣言，在底下坐著三位各自代表法國格言「自由、平等、博愛」的雕刻，因這裡代表人民擁有自由及參與權的象徵，亦常是遊行、罷工的起始點。

儘管空氣中飄散著古董的木頭味，對喜愛老巴黎的人來說，大道區就是在享樂中回味過往，最好的時光機。

迷你電腦

Le monde de Minit-I

RUE
MONTORGUEIL

工作日的早晨，我從勝利廣場附近的公寓走向迷你電腦公司，約莫十五分鐘的路程。那個時間，從羅浮宮路（Rue du Louvre）上郵政總局走出來的郵差們，正領完信件準備前去投遞，互相交談著，一起推著拖車搭公車去送信。愛汀馬歇爾路（Rue Etienne Marcel）上的服裝店尚未開門，陽光從路口的前方迎面照射過來，在凜冽的冬天早晨，會讓人感到一絲溫暖。在經過一間二手衣店時彎進提克通路（Rue Tiquetonne），這是我偏愛的走法，一條時髦又隱晦的捷徑，與蒙特格爾街的交叉口有一間花店，送貨車每個早晨準時將貨品卸下，如果店員正在擺放外頭的盆栽，表示時間尚還充裕；若已布置妥當，就表示快要遲到了。沿著提克通路繼續走去，有著兩三家板鞋店，一間理髮店、一家印度餐廳與一星旅館，一家規模小卻有著先進自動找零機的麵包店，沒有時間吃早餐的早晨，我會在這裡購買一份杏桃麵包。

迷你電腦公司位在賽巴斯托波大道（Boulevard Sebastopol）上，一棟傳統奧斯曼公寓的五樓，與其說是辦公室，更像法國公寓中的書房。我的主要工作是網頁設計，按照專案經理與客戶提出的大綱來設計主要的視覺主頁、頁面，以及手機版網頁、手機應用程式。白色長方形的辦公桌，下方有幾個置物櫃，一個二十二吋的螢幕，還有一隻迷你滑鼠。對設計師而言，一隻手感不好的滑鼠是無法好好工作的，而這隻老闆訂錯卻剛好符合我手形的滑鼠，意外成為我的專用工具。辦公桌旁有一座尚可使用的奧斯曼式壁爐，上面放了幾本書、月曆，以及資料夾。偶爾客戶的商品會被放在這裡，有時候是羅丹美術館的雕塑，有時候是賈克瑪安德烈博物館的花草茶。天花板的角落有著巴洛克式的浮雕，牆壁上掛著一幅海報，介紹「Helvetica」這個一九五七年誕生於瑞士，法國以至於全世界設計師最愛用的字體之一。

字體設計是法國設計中相當重要的一環，不只在襯線或無襯線、手寫體之中選擇，顯現出與主題相應的美感，更重要的前提是好的設計，絕大部分跟文法有關，該標示重音而沒有標示的字母會讓法國人相當反感，大小寫的運用也能在有形無形中加重或減輕字句的分量。如同廚師有愛用的香料，在法國，設計師也有幾款愛用字體，比如無襯線的瑞士體（Helvetica），於一九五七年創立，代表了戰後的現代主義精神，或許是它的中性及簡潔，以及時代需求，讓人能更方便的閱讀內容，迅速成為世界上最普遍的一種字體之一，包括台北捷運的站名看板、三菱、無印良品、微軟等品牌都採用此字型。而有襯線的波多尼體（Bodoni），是印刷之王的創作，浪漫又優雅的感覺，以及如頭髮般細膩的襯線，讓多數時裝雜誌以及精品品牌商標都採用此字型。

來到小廚房，按下黑咖啡選項的按鈕，沖泡式咖啡機替我倒出一杯熱騰騰的黑咖啡。拿起小碟子和湯匙回到座位上，利用等待螢幕開機的時間，一邊喝咖啡，一邊與同事閒聊。儘管我不是話多的人，而大部分的時間還得消化一些無謂的俗語，然而這種看似微不足道的晨間話題，卻是維繫同事感情的要件。

負責與客戶溝通想法、與我簡報的專案經理奧德氣喘吁吁的衝進辦公室，把肩背的紅色小皮包扔在桌上。「受不了三號線！莫名其妙暫停十分鐘，害我遲到！而且更糟的是為何這裡的電梯總是壞掉！」奧德是典型的法蘭西女人，金髮、纖瘦，臉色蒼白帶著雀斑，塗著正紅色的唇膏，能在老闆外出開會時抱怨一整天、為了莫名小事生氣、無時無刻需要人恭維，簡單說，最讓人焦躁的一種。在我與他人十次的談話當中，她有十次都需要半途介入，以免讓她感受到被冷落的氣氛，不時秀出連其他法國人都覺得艱澀的法語用字，好維持她一貫女王的角色。辦公室的空氣一直被她以百無聊賴的小事轟炸著，家貓愛吃的罐頭口味、男朋友趁打折季買的內褲顏色、自己最近想要的長靴款式，都樂於強制與我們分享。奧德一邊打著簡報，一邊抱怨著：「我有三個月都沒有買一雙新鞋了！」據說抱怨是法國人打破沉默引起討論的一種方式，然而這種手法卻常常打斷我的設計思路，在我移動著電腦中的圖層，嘗試不同位置與大小的同時，卻必須耗去不少腦容量去尋找奧德高深的法語中值得回應的部分，那常常使我感到筋疲力盡，我只能端出亞洲人靦腆的微笑，而那多半時候會被法國人解讀為虛假或理解力不足。法國上班族薪資平均在兩千歐元上下，扣除所得稅及房租、水電和生活開銷後所剩不多，加上沒有儲蓄的習慣，也難怪奧德總是捉襟見肘，買不起新鞋。

她對於亞洲人的名牌狂熱感到不可思議，「當然我也希望穿上一件聖羅蘭小洋裝，那多美！但即使我跟男朋友一起住分擔房租，加上水電、網路與生活所需，每個月開銷還是爆表，更別提下個月要繳所得稅，我還不知道從哪裡預支……噢！可能得回爸媽家住一陣子！」同居而不結婚是法國人近年的傾向，正式的同居需要到法院登記，可享受與結婚同等的權利與效力，包括了住房補助及生育津貼。比起結婚，重視自由的法國人更喜歡這種同居所帶來的不受束縛感，畢竟在巴黎，離婚率高達二分之一，年輕人更喜歡以不結婚來表現自己對傳統的抵抗。縱使結了婚，自古至今法國人的婚外情比例也是出名的高，許多遊客如織的建築就是從前國王們蓋給情婦的呢。

藉口與老闆帝博討論設計稿，我走出辦公室，暫時逃離奧德的言語轟炸。帝博年長我幾歲，像法國文藝片裡戴著畫家帽，手裡夾著一根棍子麵包的藝術家，畢業於國立高等裝置藝術學院，年輕的時候也曾擁有在煙霧迷漫的房間裡抽雪茄的嬉皮靈魂。他總是說：「我們要設計的是趨勢。一個五年後還能繼續被觀看的網站。」他的美學似乎與我的能夠吻合，在討論設計稿的過程中，不需要太多深奧的法語，就能有默契的溝通。坐在他對面是他的合夥人與妻子黛爾芬，負責與程式設計師協調溝通，法國企業中夫婦共同經營的並不算太多，尤其一天二十四小時都相處在一起，對法國人來說也算得上一種奇蹟。偶爾在一群法國人同事中，讓我想起設計學

院的孤單感時，帝博似乎能看懂這一切的來跟我閒聊，他的杜爾純正法語，是我最好的教科書。

帝博的書櫃裡放著一台古董的迷你電腦，這種在一九八〇年代相當流行的裝備，用戶曾經普及到兩千五百萬人，由法國電信公司發明，是過去法國人用來聯絡、購票的機器，利用鍵盤撥號，並根據螢幕上顯示的訊息來輸入資料，是現代互聯網的前身，法國人至今都還相當引以為傲。

午間同事們需要聚會的時候，有八成機率到聖馬當街（Rue Saint-Martin）的日本料理餐廳用餐。這種以便宜價格壽司與串燒混合的套餐，口味自然無法與正統的日本菜色相比。但或許法國餐廳很少能有大桌子，而中國菜也非人人能接受，街頭的三明治又不夠上道，因此有點異國風味，價格中間，熱量不高，最重要的，還能表現自己肯接受外來事物的國際觀，日本餐廳就成了上上之選，是我對法國人為何如此熱衷壽司的解讀。

「我最近看到一個很好笑的影片……」程式設計師艾曼紐拿出他新買的蘋果手機給大家瞧。在難得放鬆的午餐時間，談論公事是個禁忌，不過說說老闆的壞話倒是會博得大家贊同與引發共鳴，而分享網路上看到的八卦趣聞是最能夠輕鬆氣氛的手法，若內容是你不熟悉的，發問是最好的方法，與其說擅於解釋，不如說熱衷展現自己知性的一面，法國人絕對會為你的問題展現十足的耐心，這時誠懇的眼神以及不時說著「oui」會讓你在午間的聚會中有著充分的參與感，畢竟在法國，交談可以代表奉獻，而沉默卻意味著距離。除了不說公事，私事也要避免談論，即使在同一個辦公室，每個人的薪資、感情生活、婚姻狀態也是不能隨意提及的話題——忘了說，奧德是一個例外，在法國，凡事總有例外。

午餐過後，辦公室裡開始有了音樂，那是有著義大利血統的版面切割師朱利安的放送，他是同事們中最放肆的一個，當然，是在三個月試用期過了之後。高音量播放新一季的流行歌曲似乎是他飯後幫助消化的一種方式，別懷疑，法國年輕人不聽香頌，也聽英美排行榜歌曲，即使那並沒有讓他們英語能力進步一點。法國法律

規定，一旦通過了試用期的階段，除非有嚴重失誤，否則難以解聘正式員工，能說是一種終身職，或許憑著這一點，他才能如此肆無忌憚。

月初時朱利安會跟我們一起到餐廳午餐，月中時則縮減為在公司吃一盤外帶義大利麵，近月底時則以一個微波加熱的茄汁麵團罐頭飽餐，「沒辦法，我是月光族嘛！」他聳聳肩，拉丁人式的花錢習慣總讓我無法理解，而朱利安也覺得我工作太多，「如果我是妳，賺到今年設定的目標後我就去度假，否則我永遠也沒有休息的時間。」自一九八一年起，在法國每週法定工作時數為三十五小時，不得任意加班，大部分的上班族都過著週休二日、上班五日的生活，基本假期一年則長達五個星期，再加上國定假日，一年之中幾乎有一半的時間都在放假，如此優渥的工作條件卻還是常讓朱利安抱怨假期不足，畢竟「放假」這個觀念已經根深蒂固存在法國人的血液之中，每到五、六月，辦公室的話題便圍繞著夏天該去哪裡度假，而假期往往是不需要仔細籌畫的，亦沒有匆匆忙忙當個觀光客或是採買精品、藥妝的行程，一個天氣夠熱的小島，泳衣及泳褲就可以悠閒自在的度過，最重要的是把身體跟臉曬個通紅，以便收假回來時的小麥色皮膚能夠讓人一眼看了就羨慕。

下午再喝一杯黑咖啡，到陽台上看看馬路上的車潮，轉眼就接近下班時間，這時再詢問工作進度或閒聊是不可犯的大忌，奧德也收起了抱怨，艾曼紐也不再玩手機，朱利安開始放送每日傍晚重複的一首歌，彷彿百貨公司結束營業前的廣播。每個人收拾桌子，以便準時的收工。今天的設計進度告一個段落，我將檔案整理好，列下交代事項，將桌上的杯子放到茶水間的洗碗機內。電梯奇蹟的已然修復完畢，賽巴斯托波大道上的綠燈亮起，夕陽下，我沿著愛汀馬歇爾路，慢慢的步行回家。

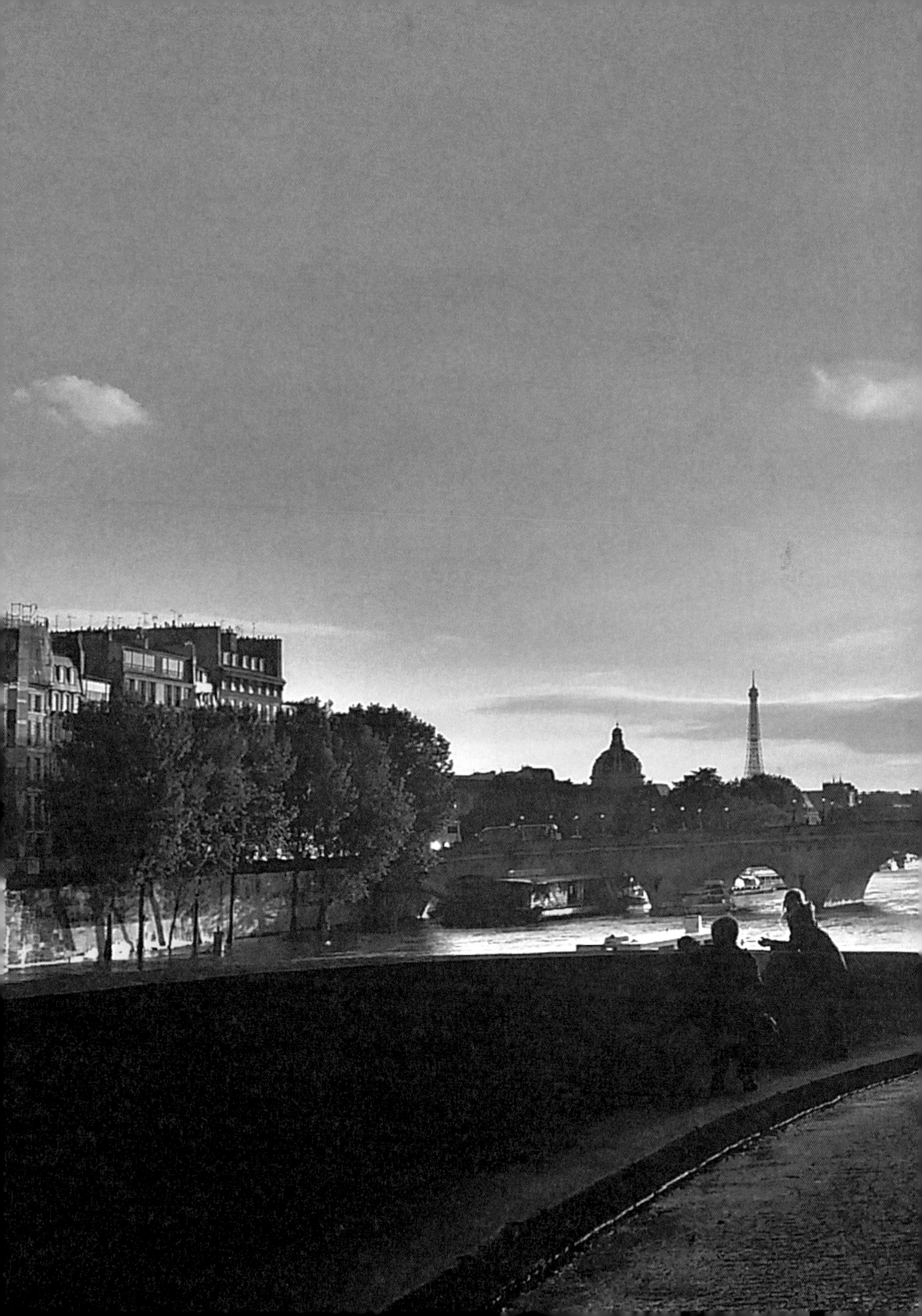

烘焙記憶

Souvenirs des boulangeries

記憶裡的麵包店總是位在街坊轉角，昏黃燈光中散發著濃厚小麥香氣，多半還帶著一塊古老黑底金字招牌。店門口不偏不倚位在正中央，兩旁是擺滿了展示麵包的玻璃櫥窗，窄小的門口擠不下同時進出的兩人，尖峰時刻，排隊購買麵包的隊伍便長長的蔓延到街頭上去。

走進店鋪裡，一片棕色海浪襲來，從底處靠牆的棍子麵包、鄉村麵包，到前台玻璃櫃中的泡芙、瑪德蓮蛋糕，與竹籃中的可頌、奶油麵包，讓人瞬時間發愣，不知道從何選起，倘若你有這般的一絲猶豫瞬間，後方排隊的巴黎人可不會對你客氣，若不是發出喃喃自語的抱怨聲，便是直接跳過你，向店員熟練地道出自己所需。

「早安，您需要什麼呢？」穿著圍裙與制服的服務生問我。對我來說，到麵包店尋找一塊美味的手工麵包，底部還沾著些許麵粉，外皮紋路紀錄著烘焙的痕跡，那就像找到一只名牌包同等珍貴。為了達成這個目的，刻意繞遠路到某些不曾去過的區域，按圖索驥，循著香味步行前往，直到發現鍾愛的麵包也覺得旅途遙遠意義值得。

Poilâne是一九三二年便創立的老牌麵包店，創業以來一直堅持製作兩公斤的大圓麵包（Miche），以高品質的石磨小麥、水、天然酵母和布列塔尼鹽花製成，從前農民喜愛購買這種大分量的麵包，足夠好幾天食用。外表酥脆，內餡綿密，仔細

咀嚼後有著獨特的酸味，老實說單吃起來並不特別美味，甚至在花招百出的今日麵包種類中，顯得有些落伍，然而在店面品嚐了以這種麵包製成的煙熏鮭魚三明治之後，與鮭魚的油脂、沙拉搭配的恰到好處，獨特的酵母酸味更有一種鄉村樸實感，我才開始慢慢變得喜歡上它。

然而記憶中最可口的還是傳統棍子麵包（Baguette）莫屬，剛自烤爐中盛盤端出，散發著金黃的顏色與麥香，外脆內軟，無糖、無油只有鹽與酵母的單純，才能品嚐食材最原始的美味。在食物保存條件改善之後，人們開始從大分量的圓形麵包追求更精緻且便於攜帶的造型與口味，是長條型棍子麵包誕生的起因。這種麵包遵守著嚴格的規定製作而成，長度必須要在六十五公分，重量在兩百五十克，將長條形狀的麵糰放在沾滿麵粉的布條上發酵，再以專用烤爐烘焙而成，價格也不能隨意喊漲，在巴黎公定價約莫是一歐元。單吃棍子麵包就十足美味，不需要乳酪或是生火腿、肉醬的陪襯，它自己就可以是完美的主角。工作不忙的日子裡，我會到Julien麵包店，從店員手中接過以紙捲簡單包著的棍子麵包，想像自己是Robert Doineau攝影照片中手夾著麵包與報紙、帶著貝蕾帽的法國人，欣喜的踏上歸程。

放置在食物櫃上的麵包，是有如信息一般的暗語。尋找的路程與猜想對方是否喜歡的心意全部包含在內，但也許仍有錯過賞味期的時候，那時就將變硬的麵包重新浸泡在牛奶蛋汁中煎過，麵包因此也失去了本來的樣貌，稱為迷失吐司（Pain perdu）。原意來自過去農民不要浪費食物的美德，現今在許多高級飯店，也提供主廚自行改良精緻化的食譜，直接以新鮮麵包去製作。迷失吐司通常做為甜點，灑上糖粉加入季節水果，適合在下午茶時候享用。

若要製作野餐三明治時，一塊拖鞋麵包（Ciabatta）便再適合不過。這種麵包起源於義大利，為了對抗當時流行的法國棍子麵包而產生，同樣以麵粉、水、鹽與酵母製成，並加入一些橄欖油的成分，烘烤好的形狀扁胖像是拖鞋，因而得名。拖鞋麵包比起棍子麵包更為柔軟，內裡氣孔很大，具有嚼勁的口感，特別適合切片之後，與生火腿一起食用。

巴黎人的早餐吃得相當簡單，一個可頌、一杯柳橙汁與黑咖啡便足夠。可頌這種牛角形狀的麵包，由來自奧地利的瑪麗皇后傳入法國。又可以分為以牛油製的「奶油可頌」（Croissant au beurre）和植物油做的「平凡可頌」（Croissant ordinaire），兩者香氣相差甚遠，一般的法國人都愛吃奶油可頌。微微加熱之後，撕開酥皮散發出誘人香氣，讓人暫時忘卻它內含的高熱量數字。帶著電腦到外頭書寫的時候，我會到羅浮宮附近的Eric Kayser麵包店，幸運的時候，樓上有著大片落地窗的位置能夠空出來，點一個加入了杏仁更為軟甜的杏仁可頌（Croissant aux amandes），配上黑咖啡，就彷彿被充電過，能夠立即寫完一個短篇。這裡獨特的發酵手法加上牛奶、榛果等原料，讓麵包有了新鮮的口感。

偶爾法國生活也會如同咀嚼法國麵包一般讓人感到疲乏，這種時候，就到Aki去購買一份菠蘿麵包（Pain de Melon）吧，同樣的身形，在越洋後身價硬是漲了數倍，微甜的古老滋味卻讓人懷念。配上一杯抹茶歐蕾，巴黎的午後也能像遠在另一端的那座城市一樣，味覺亦可穿越時空旅行，留存在記憶中，慢慢發酵。

北站三號月台

Quai numéro trois de la Gare du Nord

廣播裡播放著比利時歌手Stromae的《*Formidable*》，計程車在北站三座拱形窗的正門口前停了下來。建築物的正立面頂端有著數座代表火車站往返的國際線城市女神雕刻，中央時鐘上的羅馬數字指針指著傍晚七點三十分。來來往往的人群，每個人均已決定目的地，毫無遲疑的前進著，誰也不曾停留或迷惘。我站在巨大的班次看板底下，翻頁的機械聲之後，顯現出了月台號碼，人們開始往月台方向匆忙的移動，才意識到即將離開的此刻。

每到週五晚上，北站的氣氛明顯不同，地鐵末班車時間延長到凌晨兩點的關係，車站前聚集了比平常還多的人，大聲喧嚷著。偶爾一名拿著啤酒罐的流浪漢，在不易被發現的角落小解，然後繼續回到地鐵通氣孔旁的被褥裡睡覺。一些揹著大背包的旅客們在大廳的椅子上等待，不時抬頭張望著走道上的車次時刻表，骯髒的吉普賽小孩們在站內晃來晃去，試圖尋找下手的目標。四人一組的持槍憲兵，在車站裡穿梭巡邏，卻似乎偵察不了在暗處裡進行的犯罪。來自戴高樂機場與正要前往皮卡迪省的旅人擦身而過，分別從歐洲之星與泰力士下車的旅人一起搭上了五號線地鐵，而一群從郊區快鐵下來的旅人則各自轉向了公車及遠郊鐵路的火車。每日五十多萬名旅客們在這裡交錯，像一個互不相干的世界，卻又像彼此息息相關的社群，這是巴黎北站，啟用於一八四六年，永遠繁忙、混亂並帶有些許緊張不安感。

它的混亂感來自於站內多條的交通線路，身為歐洲最繁忙，同時也是世界上第三繁忙的多鐵共構車站，它的地下層為地下鐵二、四、五號線，以及郊區快鐵B、D、E線。地上層月台則包括了國內線遠郊鐵路北線、往皮卡迪的省際列車、往里爾方向的子彈列車，以及國際線通往倫敦的歐洲之星、通往荷蘭、比利時及德國的泰力士火車。繁複的交通路線帶來不同區域的人們，混雜著各種語言的交談，迎接與道別，出發與回程，構成了北站獨特的空間感。

在夜幕低垂之後，挑高的北站大廳亮起整排鵝黃色的球形路燈，總讓我感到昏沉，而或許透過那半掩的玻璃頂棚，望見的夜藍色天幕，更加有了此時此刻已是夜晚的實境感。工作結束的週五晚上，我提著一早就放在公司的行李，搭計程車前往北站。他離開聖多諾黑之後，搬到穿越海底隧道的另一個國家，我選擇在週末前往。

比預計時間提早抵達的時候，我會到附近的印度街用餐。走出車站到聖德尼區街（Rue du Faubourg Saint-Denis）上，就像跨入了另一個世界。瀰漫著濃厚香料味道的食品超市、豔麗而俗氣的寶萊塢式絲綢店、平價的電子通訊器材店與素質參差不齊的印度餐廳，在這條街上如森林中的蘑菇般群聚著。我喜歡到外表看起來有些破舊、不怎麼有人氣的廉價小餐館，能品嚐到道地的印度菜。比如巴吉炸茄子（Badji d'aubergine），茄子裹上一層厚麵粉去炸，有如軟麵包的口感，沾上一點薄荷醬就不會顯得太燥。一盤入味而鮮嫩的羊肉咖哩與印度薄餅，配上一杯拉昔優酪，最後以橘色小米蛋糕甜點作結，這樣的步驟總讓我能從繁忙工作中緩解下來。只因印度菜並非拿來分享，而適合獨享。

沿電扶梯到二樓，這裡是俯瞰大廳最好的角度，並列的各道列車月台能在此處一覽無遺，三號到六號為歐洲之星，七號到八號為泰力士，九號到十八號為子彈列車，十九號至二十一號為前往法國北部皮卡迪省的列車月台。我喜歡站在這裡一陣子，一邊填寫著資料卡，一邊觀察大廳裡來來往往的旅客。這個時間出發去倫敦的旅客，多半去度個週末，再搭乘週日的深夜班次回來。

第一班列車於一九九四年通車，歐洲之星是英國與法國之間最受歡迎的交通工具，每天有九到十五個班次，載送量高達千萬人次，分有豪華艙、頭等艙及二等艙。穿過海底隧道只需要花上兩個半小時左右的車程，就能到一個完全不同的國度。

「火車站是一個龐大的社群，我們誰也不是。在這個繁忙的空間裡，人們失去了彼此交談的欲望。」等待大廳中，一個戴著西裝帽的男人以英語跟我搭話，他的行李箱上很乾淨，沒有留下任何貼紙或行李條，看不出任何過去的痕跡。如果在平常，我通常會佯裝不懂，但這個深夜裡，或許我們都需要一點言語來沖淡獨自搭車的寂寥感。

「這是我最後一次搭乘歐洲之星，我要回英國去了。」

NORD

「畢業了?」

「不,單純地想離開。這是一個太美好的城市,然而需要花上太多力氣去習慣它,對一個異鄉人來說。每個人彼此追逐著,玩各式各樣的角力遊戲,越待下去卻只會越覺得空虛,在城市美麗的外殼下,每個人其實都很寂寞。而為了不讓那寂寞彰顯出來,只能用更多的虛情假意來掩飾,不知不覺間讓人耗盡力氣。」

我很瞭解他所說的意義,因為我也是那循環之間的一分子。

「到倫敦,聯絡我吧。」他說著,把寫好號碼的紙條放在我的書上。

「三號月台前往倫敦聖潘克拉斯車站的歐洲之星即將出發,請準備上車。」廣播的聲音聽起來相當冷漠。我拖著行李箱搭乘手扶梯往下到達月台,黃色車頭的歐洲之星早已進站相等,我將紙條丟入了垃圾桶,這是北站的遊戲規則,一切都只能是場短暫的交會,最後也終將沒有結局的離開。

離不開一區

Quittera jamais du 1er arrondissement

巴黎人熱衷替每個人貼上標籤，在一個聚會場合上，若不曉得聊天話題從何開始，便會從居住地開始問起，「您住在哪裡呢？」用一種充滿巴黎暗號的方式探聽對方與自己的距離。最基本的分法，從左岸、右岸開始區分，「我住在第六區，左岸。」居住在充滿詩人、作家聚集的咖啡館聚集之地，左岸人總有著不可一世的傲氣，以一種知識分子的姿態沾沾自喜著，彷彿世界上沒有比那裡再好的地方。然而右岸人卻不以為然，充斥商店與百貨公司，資本與享樂主義氣息濃厚的右岸，是最方便舒適的生活場所。左、右岸的對立，也造成了兩岸居民不輕易越過塞納河的「不過河主義」，這也與巴黎人在自己隱形圍籬內生活的慣性習習相關。

出門憑藉大眾交通工具的人則喜好以地鐵線來畫分界限，「我搭乘五號線。」這樣說的時候大概心裡有了底——而且只有巴黎人才能即刻明瞭的，不是一個經過多麼高級地段的線路，尤其東北方的龐坦門一帶，是惡名昭彰治安不佳的地區，大概也就能藉此臆測對方的身家背景。「我搭乘二號線。」全線在巴黎北方，經過蒙馬特、皮加爾等風化區，能猜測到那裡的房價並不特別高，若不是藝術家，便是貧窮的學生。而若是搭乘「一號線」這條一九〇〇年第一條開通的地鐵，東西向橫越巴黎，途經之站為羅浮宮、香榭大道、市政廳、巴士底、瑪黑區等著名景點，底站更是巴黎金融貿易區的拉德芳斯，若不是觀光客短期居住，那便至少有一定水準才能住得起沿線附近。但若有人說：「我搭乘郊區快鐵。」則會被嗤之以鼻，因為那已經不是巴黎的範圍了。

巴黎一共分成二十區，以西堤島為中心，漩渦狀似的由內向外畫分出去。原本規畫之初，是以由左至右的次序來畫分，但如此一來現在的十六區就成為了十三區，而一七九五年巴黎首次開始畫分行政區域時，只有十二區，一般巴黎人腦海中的「十三區」指的是郊外，有不好的印象，富人聚集的十六區不願落得有這樣的聯想，便要求重新畫分，才形成了如今的行政區域。

以行政區域來畫分的人，通常對自己的生活範圍相當自豪，類似一種領地的宣誓，不容許侵犯或質疑。仔細瞧巴黎人的身分證，上面甚至會註明出生於哪一區。

高級社區「十六區」指的是傳統意義上的富人區，聚集所有醫生、律師與高級顧問；而「第七區」則是富二代聚集之處，比十六區更貼近市中心，卻又保持住宅區的安靜與尊貴感，擁有一級地標艾菲爾鐵塔景觀更是羨煞人的優點。

「第一區」則是集合古蹟與高級酒店、商家的市中心精華地段，位交通樞紐讓生活機能更便利。一旦習慣了落腳處，沒有人不喜歡自己所居住的區域，即便是最貧窮的「第二十區」也不例外。

一年朋友來訪，好奇心驅使之下，便到她位在瑪黑區正中心第三區的短租公寓寄宿了幾個星期。這裡向來是公認的巴黎魅力街區，充滿富有歷史的老街、拐彎就能發現驚奇的設計師小店，不知道去哪裡逛街時，巴黎人總是說：「去瑪黑吧。」

公寓是樓中樓的挑高格局，天花板外露的橫木條，沒有電梯的老舊樓梯間，顯現了房屋的年代久遠，是典型的瑪黑區特色。屋頂有兩片可以向外張望的天窗，多半的時候見到是巴黎灰濛濛的天色；可以向外俯瞰的大窗，每日能見到在街道上來來往往的人們。

真正入住此區之後，首先樓下總是喧鬧至半夜的酒吧打擾睡眠，便會讓人相當感冒。而週末下午擠入購物人潮的窄小街道，以及老舊房子不斷出現漏水問題也終究讓人感到疲憊。「我雖然喜歡瑪黑區，但這裡適合逛街，不適合居住。」我下了這樣的結論。

每個巴黎人都對十六區多少都有些憧憬。嚮往入住賣價每平方米高達三萬歐元巴黎最富庶的地段，住家前有著藤蔓纏繞、黑色鑲金的保衛柵欄，幻想著會與正在遛狗的法國富豪不期而遇……然而拜訪過多位朋友位在此區的公寓，交通不便卻是一個很大的問題，從住家走到地鐵站往往要花上十幾分鐘的時間，而入夜後附近均是住宅區，沒有任何商店或雜貨店，臨時需要添購用品都相當不便。「十六區是個美夢，但不適合我。」我這樣想著。

就這樣，一天我住進了一區的公寓。那是一棟沒有電梯的古典建築，爬五層樓梯讓人彷彿斷氣，然而門開之後的小巧走廊是轉換心情的小前奏，木頭地板踩著發出咿呀咿呀的聲響，一張足夠打麻將的四人餐桌、舒適到能夠馬上睡著的長沙發，

以及臥室中長窗簾覆蓋下安靜而私密的空間，淋浴間是標準的巴黎尺寸，迷你卻足夠。有著小陽台的大窗，望出去是奧斯曼建築群所構成的迷人街景。

巴黎中心隨著歷史變遷，從西堤島轉變到了曾為王室的羅浮宮，一區就位在這個市中心的核心地段，它的歷史也與法國的歷史緊緊相連。這個占地兩百公頃、居民人口不到兩萬人的長方形區域，平均房價達一平方米一萬歐元，緊鄰二區、瑪黑區和總統府、香榭大道所在的八區，並與左岸五、六、七區隔著塞納河相望。

走過一條條古老街道，穿梭在古典建築群之間，中世紀堡壘也曾是皇宮，如今改為博物館的羅浮宮、路易十四幼時居住過的皇宮廊巷、號稱巴黎珠寶箱的凡登廣場都徒步可至，回想起過往的輝煌與曾經存在的城牆、城門和遷徙過的中央市場、居住過的皇宮貴族，有一種真切生活在一座歷史城市的真實感，那就是一區最大的魅力所在。

就從皇宮廊巷（Palais Royal）開始一區的巡禮吧。建於一六二八年，這一座方形的四面走廊是巴黎人最喜愛聚集的地點之一。舊時為黎希留樞機主教居住地，目前則為時尚品牌的聚集地，廊巷中零星的開著幾間古董服裝、手套店，彷彿只有知情的人才會光臨的隱密商店。其中服飾店Kitsuné所開設的咖啡館，則是我會散步過去喝杯咖啡的地方。

沿著皇宮廊巷走到小田街（Rue des Petits-Champs），十九世紀遺留下來的薇薇安廊巷、庫爾貝廊巷是懷舊人士最值得探訪的時光祕徑。從這裡走到勝利廣場（Place des Victoires），寧靜而優雅的十七世紀廣場，因中央一尊路易十四扮成羅馬王的騎馬雕像，增添了幾許生動感。廣場四周以時尚商店和品牌總部為主，順路沿著愛汀馬歇爾街（Rue Etienne Marcel）走去，有一整條的設計師品牌服飾街，幾位在法國成名的日本設計師如三宅一生、高田賢三均不約而同的選擇此處成立商店。

在蒙特格爾街右轉，走向四層樓有著法國流行品牌的磊阿勒商場（Forum des Halles），周邊滿是街頭風格鞋店與輕食店，是年輕人喜愛的逛街地點。這裡曾是巴黎最古老的菜市場，起源可追溯至一一三七年的香坡市場，肉販、魚鋪、水果攤與熙來攘往的人潮、馬車，曾將現今腳下的石板路擠得水洩不通，使得政府在一九六九年將此中央市場遷往巴黎南郊翰吉斯，而往昔依附著市場而存在的魚鋪、蔬果攤以及傳統法國菜餐廳，至今還能在蒙特格爾大街上找到。

從磊阿勒商場旁沿著鑄鐵街（Rue de la Ferronnerie）找到十一號門口，這條窄小不起眼的小巷，是當年法王亨利四世乘坐馬車巡街時，被暗殺的地點。走過夏特雷廣場、沿著兌換橋（Pont d'Échange）來到西堤島上最美的西側小區：這三分之一的島上空間亦屬於第一區，以四周為古典公寓的太子廣場（Place Dauphine）最為恬靜宜人，不被喧囂所擾。

奔走了一天，黃昏時分選在長椅上坐下，緩緩等待公寓點亮迎接夜晚的燈光。

偶有迷惑、遲疑的時候，但最終我們會找到這座城市中最適合自己的角落，那就是我離不開的理由。

戀人橋

Les ponts des amoureux

一個冬末的夜晚，他問我想不想到塞納河進行一趟遊船晚餐之旅。這個季節天黑得很早，塞納河在夜巴黎的襯托下顯現出與白天截然不同的情調，我們換上正裝，在阿爾瑪碼頭上船，侍者安排了一個窗邊的觀景座位，替我們在酒杯裡斟滿了酒。

船隻緩緩在準點啟程出發，鐵塔於身後漸行遠去，樂隊開始演奏晚上的交響樂曲曲目。迎來眼前的，是被稱為世界上最美的亞力山大三世橋（Pont de Alexandre III）。優美的單一橋墩是它最出色的特徵，由俄國沙皇亞力山大三世的兒子尼古拉二世奠基，為了見證一八九二年的法俄同盟。它是首座「預製」的橋，所有的零件都在工廠預先製作好，再由船隻運送過來搭建，只花了三年時間便完工，和一九〇〇年萬國博覽會同時開幕，以當時流行的新藝術風格打造，有著天使、仙女和飛馬雕像，兩側橋頭各有兩座高達十七米的立柱，其上鍍金的飛馬雕像，分別代表了科學、藝術、商業與工業。從船上往橋身望去，兩側的中央飾有兩尊女性古銅雕像，分別象徵巴黎的塞納河以及莫斯科的涅瓦河。橋上三十二座古典路燈已經點亮，在這個華燈初上的夜晚顯得一片燈海輝煌。

前菜我們選了檸檬蝦肉薄片配上蔬菜，吃來相當清爽。另外一道前菜則是以香菜花蜜調味的烤龍蝦尾，對於香菜氣味有點不適應的我，卻意外覺得十分美味。

船隻經過協和廣場旁時，他告訴我這一座看似不起眼的石頭橋，是由巴士底監

獄拆下來的石頭建成的。協和橋（Pont de Concorde）的歷史與大革命息息相關，由路易十六下令建設，卻因為經費問題停滯不前，最後使用了大革命時期被攻陷的巴士底監獄所拆下來的石頭修建，才得以完工，讓人民每天每夜踏過代表王權專制的象徵，是協和橋的重要歷史意義。這個時節，協和廣場已經豎起了年末才有的高大摩天輪，在夜裡閃爍著白熾燈般的顏色。

連接世界三大博物館之一的羅浮宮和法蘭西學院的藝術橋（Pont des Arts），是最能夠被稱為「藝術之橋」的一座，建於一八〇四年，這是巴黎第一座由鋼鐵鑄成的橋，被列入歷史古蹟。在橋上聚集許多藝術家展售其作品，讓人想起布拉格的查理大橋，夏季時也是巴黎人最愛野餐的地點之一。原本橋身鐵絲網上被情侶扣滿的愛情鎖已被政府強力拆除，裝上了壓克力板，倒是失去了那麼一些原有的浪漫氣氛。

侍者為我們送上主菜，鴿子肉佐蠶豆泥配花椰菜，以及西班牙小辣椒兔脊肉佐南瓜泥，附上一籃棍子麵包。

「他們想讓遊客以為法國人每天吃這樣的食材嗎？鴿子啦、兔肉的。」他吃了一口鴿子肉，這麼說著。

「你忘了還有蝸牛和青蛙！」

「我們給人的印象原來就是一個愛好食用各種動物的民族？」他苦笑著。

「但你得承認在市場上看到老奶奶一邊牽著鬥牛犬，一邊購買剝皮兔肉的確很驚人。」

「這可以解釋為，對寵物和對美食的愛不分軒輊。」

「法國人好辯真不是空穴來風。」我說。

兔脊肉鮮嫩微辣的口感，佐以微甜的南瓜泥恰到好處，不得不說，追求美食是法國人永遠不會停止的嗜好，若對餐盤裡的任何芝麻細節感興趣，侍者都會如醫生看診般仔細介紹，甚至請出主廚，專程為你解釋。

新橋（Pont Neuf）無疑是塞納河上最浪漫的一道橋，優美的橋墩，連接了左岸與右岸，中央則有有著綠林盜公園的西堤島穿過，不時有戀人依偎在島的尖端，看河水流逝。名為新橋，實際上卻是最古老的一座橋，從亨利三世在位時便開始建設，因財政及宗教問題花了近三十年才由亨利四世開幕於一六〇四年，它的命名原由是因為新橋帶來了新的建築意義：這是當時第一座其上沒有建築物，專門給馬車和行人通行的橋，是國王為了不要阻礙到羅浮宮的視野而決定的策略；新橋亦是塞納河上最長的橋，總長兩百七十八米，由兩座包含了五個拱橋和七個拱橋相連而成。

橋中央有一處亨利四世的騎馬雕像，雕像內部藏有下令修建的法令和亨利四世的相關文獻。橋上突出的半圓形陽台，原是為了讓行人躲避馬車或休息的地方，現在成為眺望景致的好地方，走在寬闊的橋面上，巴黎的整片天空一覽無遺，讓人不禁懷想起電影《新橋戀人》。新橋見證了四百年來的歷史，從完工至今未曾重建，因此法文裡表現一個東西耐用、歷久彌堅，也可稱為「新橋」。

「過了新橋之後，差不多該能看見聖母院了吧。」他說，喝了一口紅酒。

巍峨的聖母院在船隻的左手邊現身，而僅長六十八米的主教橋（Pont de l'Archevêché）位在聖母院後方，擁有取景聖母院的最佳角度，由法王查理十世命令下修建，共有三個拱型橋墩，橋墩高度只有十一米，是塞納河上最窄又最矮的橋。雖然主教橋造型儉樸，卻有個吸引無數戀人們到此一遊的傳說，據說帶著刻有名字縮寫的鎖來鎖在橋上，便能將愛情鎖在永遠，這便是為何如今主教橋的兩側鐵網，毫無縫隙的掛了滿滿的愛情鎖。

他選擇了以萊姆酒入味的萊姆巴巴蛋糕做為甜點，其上綴有香堤伊奶油跟一顆櫻桃，強烈的萊姆酒氣息讓人感到暈眩，我則選了輪胎造型的巴黎布列斯特泡芙。然後我

們各要了一杯黑咖啡。

船隻在聖母院之後折返，由右岸側繼續回程。瑪麗橋（Pont Marie）是僅次於新橋，巴黎第二古老的橋，由法王路易八世所奠基，於一六三五年完工，仔細看它的五個橋墩，每個都有一點相異之處。建造之初，還曾蓋有五十棟樓房在其上。它被暱稱為「戀人之橋」，據說在此橋下接吻，愛情便能夠直到永遠。

「這裡看起來有點面熟。」他說。

「是嗎？」

「我想我們上輩子一起來過這裡。所以現在，我們又一起回到這裡。」

船隻慢慢的駛回終點，艾菲爾鐵塔整點的燈光在遠處閃爍起來，即使已見過無數遍閃燈，仍覺得美麗異常，世界彷彿只剩下眼前閃爍的燈海。這座城市無法細數的無盡美好，在今晚又寫下了另一章節。

倒數摩天輪

La grande roue de fin d'année

協和廣場位在巴黎市區主要馬路必經之地，若從塞納河側經過，能遠眺中央的方尖碑與後方的建築群；從瑪德蓮教堂那側經皇家路（Rue Royal）過來，則筆直開向方尖碑與雙盤噴泉；從希佛里路（Rue de Rivoli）欲前往香榭大道，則會經過這個廣場，看方尖碑與鐵塔遙遠並列。這個八角形廣場建於一七七二年，起初命名為路易十五廣場，革命期間，國王雕像被推倒，改名為革命廣場，並在此豎起了斷頭台，後來才重新命名為協和廣場，代表大革命後和解的狀態。廣場北方兩棟樣式相仿的古典建築，為海軍總部與克里庸飯店。廣場八個頂點放置了八座代表法國城市的雕像，並有建築師希托夫所設計橄欖綠鑲金的柱子與雙盤噴泉，廣場正中央是埃及人致贈法國，歷史高達三千四百年的方尖碑，裝飾著讚美亞美西斯二世的象形文字。白天時讓人感覺寬闊壯麗，入夜後燈海輝煌，與遠方的鐵塔呼應，無疑是全世界最美的一個廣場。

一天我和他沿著杜樂麗花園走向協和廣場的時候，才發現不知道什麼時候廣場上立起了一座巨型摩天輪。那高聳的支架尚未架設完畢，大約缺了三十度角，以一種缺口笑的形狀矗立在天空之中。

「你知道摩天輪裝載的是什麼嗎？」我指著摩天輪說著。

「什麼呢。」

「是記憶。」我說。「在一圈又一圈的迴圈裡，不停的轉動。有人能夠離開，有人再度回來，有人卻深陷其中。」

巴黎第一座摩天輪建立之時，便造成了轟動。與大、小皇宮、亞力山大三世橋同樣為了一九〇〇年萬國博覽會而建，架設在艾菲爾鐵塔旁的舒佛朗大道（Avenue de Suffren）上，高一百米，達六百噸重，曾是世界上最大的一座摩天輪，一共有四十個車廂，分為五個重複系列，每個系列中有六個二等車廂，一個一等車廂，以及一個餐車車廂，每個車廂可乘載四十名乘客。當時參與博覽會的遊客們，在參觀展覽館之餘興奮的排隊等待搭乘這座摩天輪，而在餐車裡的邂逅更是當時男賓與仕女們熱衷的活動。即使這座摩天輪後來在一九三七年遭到拆解的命運，但在當時這座新科技的遊樂設施，帶予人們離地而接近天空的夢想，卻讓人無法忘卻。

年末最後一天，我和他到克里庸飯店內的大使餐廳（Les Ambassadeurs）用餐，這是我與他約定的方式，每年選擇一座城市，到那裡度過今年的最後一天。而這一年，是巴黎擔任主角。克里庸飯店蜂蜜色的大理石前廳，金碧輝煌的裝潢，水晶燈吊飾搭配天花板的壁畫，路易十六式的桌椅，氣氛一流，這裡從前是瑪麗皇后學習鋼琴課的地方，也是年末名媛舞會舉行的地點，那是法國上流社會裡最大的盛事，來自世界各地受邀入席的年輕富家千金們，無不費盡心思選擇最適合自己的高級訂製服、配件與珠寶，甚至邀請的舞伴、嘉賓都要逐一慎選，以便在年末舞會中引領而出。

前菜點用了半煎鵝肝，在這個季節最為適合，亦帶有一點節慶感，煎煮得恰到好處的鵝肝，撒上的鹽花提升了味覺的層次，配上香料麵包特別美味。主菜則選擇了烤鱸魚和乳鴿，烹調得極為軟嫩，誘發出了食慾。甜點是這個時節才有的特製聖誕樹蛋糕，百香果糕體上綴以一層蛋白霜，再加上一片代表皇冠的巧克力片。

「旅行裡最重要的變因是什麼呢？」我問。

他想了想，「什麼呢？」

「時間噢。因為有所限定，讓一切美好、或是不美好都凍結在了那個時間之中，我們懷念的，或許只是擁有的那段時間。」

我吃了一口甜點。「或者是失去的噢！」

飯後我們到協和廣場散步，曾為法國大革命血流成河的歷史場景，如今的廣場卻只有川流不息的車潮。在廣場中央方尖碑與西北側布列斯市雕像的中間，曾豎立起高聳的斷頭台，是路易十六、瑪麗皇后等人的魂斷之處。廣場上的摩天輪，剩下的三十度角早已完成，以一種不算慢的速度轉動著。他將門票遞給我，和我一起走入車廂，裡頭不算大的空間，坐著兩個人恰到好處。

如今的巴黎摩天輪為了慶祝千禧年而建立，直徑六十米，有四十一個車廂，和一個貴賓車廂。在巴黎之後，它去了伯明罕、曼徹斯特、阿姆斯特丹旅行，最後再回到巴黎的協和廣場，正好立於巴黎天際線之上，與香榭大道、凱旋門連成一直線。每年夏季與年末時節架設在廣場之上，替巴黎人帶來節慶的歡樂氣息。

在逐漸爬升的摩天輪裡風景慢慢地縮小，從透明的窗戶望出去，亮起燈的香榭大道上，聖誕市集的小屋前滿是人潮。克里庸飯店從高空俯瞰，像兩層式的冰栗子蛋糕，上方塗著灰色的奶油，「不如說巴黎整座城市都是由灰奶油栗子千層蛋糕組成的。」我說。這個季節裡，滿街都在販售聖誕樹蛋糕，而最受歡迎的一種就是冰栗子蛋糕，有著栗子獨特的香氣，卻又不過分甜膩，試過一次就會上癮的滋味。他打開準備好的香檳，倒在兩個杯子之中，我們舉杯互相對視，「明年的這個時候，再一起慶祝吧。」他說。

倒數的鐘聲已經逼近，香榭大道上的人潮開始往凱旋門湧去，而摩天輪依然在協和廣場上緩緩轉動著，如記憶一般。我們對著未知的時間乾杯，在這裡，沒有人焦急。

聖馬當咖啡館

Le café à côté du canal Saint-Martin

運河城市總是令人耽溺，如烏特勒支、安錫亦或是布魯日，河流似一條美麗腰帶貫穿市區，而沿岸則衍生美麗人家，幾盆鮮花布置而緊閉的窗戶，就能讓文青們流連忘返，按下快門。水岸生活的悠閒，似乎也是自己冠上去的，倒也無妨就讓想像滋長，散步在此，度過難得的時光。

巴黎東北方有一條聖馬當運河，由拿破崙下令建造，為了解決當時市民飲水及舒緩塞納河運輸壓力的問題，於一八二五年完工，總長四點五公里，在雷維特船塢（Bassin de La Viellte）塞納河，共有九個水閘門和兩個旋轉橋，流經第十區和第十一區。在共和廣場到巴士底的這一段，則被掩蓋在地底下。在當時，這條運河負擔起運輸糧食、貨物及建材的經濟功用，直到後來公路發展，船運逐漸沒落之後，河邊的工廠、倉庫相繼搬離，甚至還打算改建成一條高速道路，幸而計畫取消被做為歷史古蹟保存下來。如今仍有些許觀光船隻在此航行，由於有著二十六公尺的水位差，經過階梯式的綠色水閘時，閘口便會注入水量，等待水位與河道同樣高度才能打開通行。此時，在船隻上等待的觀光客，與橋上觀賞的路人們便會一同鼓掌歡呼，成為了聖馬當運河上的獨特景致。在這裡，時間似乎比別處多了一些，悠閒、愜意，充滿綠蔭，遍布餐廳與咖啡館，便是這一帶吸引著巴黎人的主因。

這一個陽光的午後，不少年輕人蹲坐在路邊喝著啤酒，我們沿著河岸，拐進一條隱密的巷弄，來到「總商行」（Comptoir Général）布滿藤蔓的門口前。這一間殖

民色彩濃厚的非裔主題咖啡館，在週間的時候最沒有人，穿過古老壁紙、掛滿相框的紅地毯走廊，走入內部廣大透光的空間，陽光自上方玻璃灑下，廳內回收再利用的沙發椅、舊木箱，混搭得十分自然，又帶點異國情調。我和他點了兩杯現製冰咖啡，隨意挑選位置坐下。

「代表巴黎的象徵是什麼呢？」他問。

「每次來到這裡，我們就感覺不在巴黎，一定是這個空間裡存在了什麼巴黎沒有的部分，又或是它缺少了象徵巴黎的物件吧。」

「我想首先是這個廣大的空間感。」巴黎大部分的咖啡館都相當窄小，朝向馬路的座位通常都是一個緊鄰一個，為的是能讓巴黎人方便閒聊，又能成為風景之一。但狹小的空間，坐下之後連隨身物品都放不下。前身為馬廄與木工工廠，總商行咖啡館有著寬敞的空間，像一座巨大的室內叢林，三個不同裝飾主題的挑高展廳，定期舉行展覽會、二手衣拍賣、演唱會、時裝走秀，而外頭甚至還有一座植物學家所培養的小庭園。在這裡的角落窩著閱讀一本雜誌，或是在外頭發呆，都沒有人會給予拘束。晚上這裡更會變身酒吧與舞廳，是附近上班族最愛的聚會地點。

「不應該是冰咖啡嗎？」他取笑著。巴黎人愛喝濃縮黑咖啡，加牛奶、加巧克力，也加烈酒，但卻極少加冰塊做成冰咖啡。這或許是一種法式傳統的堅持，卻在這裡被解放開來，少了趾高氣昂的服務生，多了一分隨興的親切。

「但或許巴黎其實沒有一種約定成俗的樣貌，那規矩古典、帶有幾分傲氣的是巴黎，而這裡充滿的波希米亞式散漫，也是巴黎的一種吧。」我說。

我們步出咖啡館，走過天橋穿過聖馬當運河，到附近的麵包店購買了一些開心果口味的蝸牛麵包，再緩緩的沿著河岸，走回通往地下鐵的歸途。

地下鐵迴圈

La circle du métro

前往巴黎的人，目的千奇百種，然而重回巴黎的人，多半為了尋回一段過去。總之，掉落在街角，等待記憶與記憶重新疊合的瞬間，失神落淚。

城市的交通路線圖就像一本旅行日記，無形地記載著某年某刻的時光痕跡。自一九〇〇年通車運行以來，巴黎市區至今設有三百零三個地下鐵站，十四條主線加上兩條副線線路在地底來回交錯，載送每日擦身而過的四百萬人。在這宛如掌紋的複雜脈絡之中，多半的記憶均是沉默的，在車站與車站之間，窗外偶然的風景，如六號線上的艾菲爾鐵塔，又如一號線靜置的羅浮宮館藏雕像，是再日常不過卻又如此獨享的片段，然而當列車關門的鈴聲響起，一切又如沙灘上的痕跡般，被沖散而去。

一個初到巴黎的人，沒有在夏特雷磊阿勒站（Châtelet-Les Halles）迷過路是不可能的，它就像東京新宿車站一樣有著數不清的出口，像一座地下迷宮。不特別明亮的光線，暗處總潛伏著犯罪的氣息。走在連結郊區快鐵與地下鐵路線的轉乘大廳中，方形柱群的箭頭標示像是一條繞來繞去的迴圈，而自四面八方湧來的路人，往各自欲前往的方向急忙走去，一個節奏抓得不穩便容易相撞，惹來對方的白眼，誇張者甚至會以法文嘀咕著：「這些外地人！」巴黎人的冷漠疏離在這大廳中溢滿出來，車站南邊的七號與十一號線月台相鄰，從這裡沿著漫長的過道與車站北邊的四號線、一號線相連，巴黎人都知道，從七號線轉乘四號線是最遠的距離，盡量避免在此換乘是一個不必說明的默契。經年累月走過這個過道之後，它變成了一個不需要張望指標的去處，像是日常生活裡的小習慣，反而成為了地下鐵迴圈中一個思考空白，時常我在這樣的過道中一邊快步走著，一邊想著，今天也絕對不要碰觸到其他人。是的，地下鐵即是如此孤獨的場域，任何巨大的聲響都容易製造出緊張的氣氛，人們避免交談，也無意交談，甚至眼神的接觸都是一種禁忌。

磊阿勒站內地下鐵與郊區快鐵的換乘口，是巴黎人都知道不能逃票的關卡，只要有不熟悉的乘客試圖闖關，埋伏在暗處的查票人員便會一湧而上，獲取罰款。末班車時間在週五與週六晚間延長至兩點，郊區快鐵的月台，在深夜總是聚滿醉鬼，地面永遠骯髒不堪。宴會裡未盡興的年輕人們，繼續拿著酒瓶喝著，撿拾了一整天垃圾的流浪漢正準備回到被窩中，巴黎生活褪去觀光客所認識的浮華，在地鐵站中真實上演。

如果不特別提醒，很少人能意識到四號線上的西堤島站（Cité）位在塞納河下方二十公尺處。月台上此處僅有的古典圓形球燈，發出昏黃綠色的光芒，將整座地鐵站照耀出奇幻的光芒。而爬上整座鋼鐵鑄造的階梯，就能在高處將月台兩側通過的車輛一覽無遺。這裡是西堤島上唯一的地下鐵站，經由此處能前往鄰近的聖母院、司法大廈與聖禮拜堂等景點。在此站蜂擁下車的大批遊客，慌張跑入連接月台與出口的大型電梯，遍尋不著關門按鍵，才發現右上方有著關門的倒數計時器，這

樣的畫面上演過無數次之後，巴黎人選擇沉默以及閉上雙眼等待。隨著電梯往上緩慢的爬升，再慢步走上出口的階梯，我總有自地底重見天日的感覺。

地下鐵的副線，像從未被關心的末段班學生。淡綠色的七號副線，於一九六七年通車，在地鐵圖的東北方向，畫出了一個孤單的菱形圈：僅有八個車站，且單一方向運行，坐過站只能再繞行一次，是巴黎地下鐵線路中最短的一條。我自七號線路易布朗站（Louis Blanc）走過長長的月台通道，在分成兩側的島式月台轉乘，廣大玻璃窗、車廂互通的地鐵車型，與總是稀少的乘客量，像正駛往無人樂園的發光列車。

在地下鐵迴圈，我們不斷走進走出，想逃離，卻仍不斷沉溺其中。我們掉落與共有的回憶，也隨列車不停的穿梭，在各個車站之間徘徊流連。在時間的漫長隧道裡，旅人就像閃逝的流星，只有百年的地下鐵站，成為了永恆。

鵪鶉丘

La Butte-aux-Cailles

靜謐無人的坡度街道上，爬滿綠葉藤蔓的小屋，陣列有序的古典路燈，充滿了浪漫的氣息，這是巴黎十三區一塊被稱為「鵪鶉丘」的地方。原是覆蓋著草地和樹林的丘陵，曾建有許多風車磨坊，取名來自在一五四三年買下這塊山丘的皮耶爾鵪鶉（Pierre Caille）先生。當時此地仍屬於尚提伊省（Gentilly），沿著畢耶伏河（Bièvre）河畔聚集了印染、制革、屠宰的製造工廠，工人們洗皮革的臭味曾遍布了整個山丘，一度使得這裡成為讓人不敢接近的貧民窟。曾經十八世紀的包稅人城牆興建在鵪鶉丘北方，將這裡與市中心畫分開來，直到一八六〇年才正式被納入巴黎的範疇內。而今經過整治並掩埋了河流，留下樸素的獨棟別墅，安靜蜿蜒的石板坡道小徑有著少見的鄉村氣息，入夜後提供道地法式餐點與美酒的餐館裡人聲鼎沸，像是東京的惠比壽。白天黑夜兩種不同的極端變化，遂成為巴黎人喜歡的隱密聚會地點。這裡沒有觀光客的喧擾，從前至現今都如一座遺世獨立的小村莊。

從六號線柯維薩爾站（Corvisart）下車，沿著奧古斯特布朗基大道（Boulevard Auguste Blanqui）走至近磨坊路（Rue des Moulins de Près），沿這條上坡小路一路走到瓦爾蘭廣場（Paul Verlaine），就能來到鵪鶉丘這個山頂社區。迷人而安靜的廣場上，有一座五百八十二公尺深的地下水井，由人工花費三十七年開鑿而成，分有四個出水口，水溫常年維持在二十八度，能見到附近居民提著水桶來這裡提取乾淨的水源回家飲用。廣場的一側，是以紅磚牆面建築而成，新藝術風格的鵪鶉丘市立游

泳池，這裡的水源同樣來自地底泉水，夏天天氣好的時候，便讓人想帶著泳衣到這裡游泳。

沿著主要道路鵪鶉丘之路（Rue de Butte aux Cailles）繼續走去，這是一條白天安靜無人，入夜餐廳酒吧開張之後又熱鬧不已的迷人道路。這條主要幹道左右兩側分叉出的小路，均是鵪鶉丘典型的街道，充滿老舊公寓與別墅，隱密卻又充滿生氣，最適合帶著好奇心，感受此地悠閒的氣氛，緩緩散步。在一家總是熱鬧無比的酒吧旁轉入一條石板道路鋪成的波同巷（Passage Boiton），突然安靜下來的風景，斜坡道與古典路燈、獨棟洋房構成的畫面，讓人私心想占有這一刻，只屬於自己的巴黎。回頭走往與鵪鶉丘之路交叉，同樣迷人的五鑽石路（Rue Cinq-diamants），名字來自以前一家珠寶店的招牌，至今依然有許多老洋房、小酒館存在，充滿懷舊的氣氛。標榜著「快樂時光」特價啤酒的酒吧，在這個週間下午已找不到一個空位。偶爾會在牆角、街邊發現幾幅藝術家Miss Tic的女人塗鴉創作，像驚嘆號一樣為街道帶來一點生氣。

巴侯巷（Passage Barrault）是另一條令人不想離開的石板坡道，大片的藤蔓隱蓋起的小屋，讓人不禁揣摩起背後的生活故事。從這裡左轉巴侯路（Rue Barrault），再到達維耶爾路（Rue Daviel），居高而下的坡度視野，立刻就能看到那棟在普通建築群中顯得獨特的紅磚瓦尖頂小屋，在好奇心的驅使下，推開柵門入內，一處包圍

起五百平方公尺面積的四面小屋建築群在眼前豁然展開，這裡被稱為小阿爾薩斯村（Petit Alsace），有著四十棟統一規畫的兩樓層小屋，全為紅磚瓦屋頂，米黃牆面與藍色木條構造，有著典型阿爾薩斯省的風格，方庭中央是居民們種植的植物，有幾戶人家聚集在門口閒聊著，突然轉變的氣氛，讓人暫時忘記了身處巴黎。

回到鵪鶉丘街，我們到這裡的人氣餐館「櫻桃時光」享用晚餐，紅白格紋桌巾與鵝黃色的燈光交織出鄉村的溫暖感，工作了大半輩子的侍者找給我們一個靠窗的座位，這裡在用餐時間時總是一位難求。我們點用了法式洋蔥湯做為前菜，烤春雞做為主菜。

據說開胃降脂且廣受平民喜愛的洋蔥湯是由國王路易十五發明的，一日在山裡迷失方向，回到狩獵小屋裡的他，發現只有洋蔥、奶油和香檳酒，便將這三種材料放在一起烹煮成法國第一道洋蔥湯。現今改良食譜的洋蔥湯，需先以奶油將切絲的洋蔥不停拌炒，再加入燉好的牛肉高湯中燜煮，以鹽與胡椒調味。將煮好的湯盛至小碗中放入

乾麵包塊，並在其上撒上刨絲起士，放置烤箱中烤至起士融化，便成了美味的洋蔥湯。在飲酒過量的隔日早晨，據說也有解酒的作用。

「為什麼國王會落得沒東西可以吃呢？」我一邊用湯匙把焗烤起士推入深褐色的湯中，一邊問他。

「可能想體驗一下平民生活、變裝出巡？」

「國王真的會下廚嗎？」

「還是說煮洋蔥湯真的不難呢？」他說。

「材料很簡單，但是所需的時間非常長。」我喝了一口湯。「不過在這裡，時間似乎永遠用不完。」

沿著鵪鶉丘街拐入米卡爾街（Rue Michal），遠處是聖安娜教堂在夜裡散發著溫和的光芒。在餐廳與小酒館都打烊之後，夜深的鵪鶉丘街道轉回了原有的寧靜，時光似乎在這裡凍結，沒有盡頭，在月光照亮的石板路上，夜原來可以如此深沉，悄悄地包容著這座城市裡所有的美好，與不美好。

景點清單

都市最後鄉村

穆札亞區Quartier Mouzaïa
地鐵七號線支線Botzaris下車，沿rue Mouzaïa步行

秀蒙丘公園Parc des Buttes Chaumont
1, Rue Botzaris 75019 Paris

時光廊巷

錨廊巷Passage de l'Ancre
地鐵Etienne Marcel站，位在Rue Saint-Martin跟Rue Turbigo之間

七道城牆

高盧羅馬城牆遺跡
3 rue de la Colombe

奧古斯都城牆遺跡
Rue des Jardins Saint-Paul 75004 Paris

聖德尼門Porte Saint-Denis
在Boulevard Saint-Denis與Rue Saint-Denis的交叉口

聖馬當門Porte Saint-Martin
在Boulevard Saint-Martin與Rue Saint-Martin的交叉口

北瑪黑廚房

紅孩兒市集Marché des Enfants Rouges
39, Rue Bretagne 75003 Paris
週二至週六08h30-19h30，週日08h30-14h

小紅門酒吧Bar Little red door
60, Rue Charlot 75003 Paris
週一至週日18h00-02h00

閃電泡芙

天才閃電泡芙店L'Éclair de Génie
14, Rue Pavée 75004 Paris
01 42 77 85 11

蒙特格爾一日

蒙特格爾大街Rue Montorgueil
地鐵站Sentier出口2即可抵達

史特雷熟食鋪Stohrer
51, Rue Montorgueil 75002 Paris
01 42 33 38 20
週一至週日07h30-20h30

蒙特格爾蝸牛餐廳L'Escargot de Montorgueil
38 rue Montorgueil 75001 Paris
01 42 36 83 51
週一至週日12h00-23h00

康卡爾岩石餐廳Au Rocher de Cancale
78, Rue Montorgueil 75002 Paris
01 42 33 50 29
週一至週日08h00-02h00

傑佛瑞酒吧Bar Jeffrey's
14, Rue Saint Sauveur 75002 Paris
01 42 33 60 77
週二至週六19h00-02h00

布里斯托早餐

聖多諾黑街
介於Palais Royal與Ternes之間，可由地鐵Palais Royal Musée du Louvre或Terne前往

柏悅酒店 Park Hyatt Paris-Vendome
5, Rue de la Paix 75002 Paris
01 58 71 12 34

達羅沙熟食鋪 Da Rosa
7, Rue Rouget de Lisle 75001 Paris
01 77 37 37 87
週一至週日11h00-23h30

寇斯特酒店 Hôtel Costes
239-241, Rue Saint-Honoré 75001 Paris
01 42 44 50 00

布里斯托酒店 Hôtel Le Bristol
112, Rue du Faubourg Saint-Honoré 75008 Paris
01 53 43 43 00

阿薩斯街的日子

Rue d'Assas
地鐵Saint-Placide站可抵達

聖許畢斯教堂Église Saint-Sulpice
2 Rue Palatine, 75006 Paris

翰吉斯漁市場

翰吉斯市場Marché de Rungis
24, Rue des Meuniers 94152 Rungis

中央市場鐵鑄館遺跡Pavillon Baltard
12, avenue Victor Hugo 94130 Nogent sur Marne

磊阿勒商場 Forume des Halles
101, Rue Berger 75001 Paris
01 44 76 96 56
週一至週六10h00-20h00

豬腳餐廳 Au Pied de Cochon
6, Rue Coquillière 75001 Paris
01 40 13 77 00
週一至週日24h

文森動物園的週三下午

巴黎動物園 Parc Zoologique de Paris
Route de Ceinture du Lac Daumesnil, 75012 Paris
週一至週日10h00-17h00

凡登廣場初雪

寶詩龍 Boucheron
26, Place Vendôme 75001 Paris
01 42 61 58 16
週一至週六10h30-19h00

尚美珠寶 Chaumet
12, Place Vendôme 75001 Paris
01 44 77 24 00
週一至週六10h30-19h00

麗池飯店 Hôtel Ritz Paris
15, Place Vendôme 75001 Paris
01 43 16 30 30

植物園約會

植物園Jardin des Plantes
57, Rue Cuvier 75005 Paris

清真寺Grande Mosquée de Paris
2 bis, Place du Puits de l'Ermite 75005 Paris

布隆涅森林的賽馬

廊香馬場Hippodrome de Longchamp
2, Route des Tribunes 75016 Paris

鐵塔午夜一點

艾菲爾鐵塔La Tour Eiffel
5 Avenue Anatole France 75007 Paris

戰神廣場Champs de Mars
2 Allée Adrienne Lecouvreur 75007 Paris

環城鐵道La Petite ceinture 15區段
位在Rue Olivier de Serres與Rue Saint-Charles之間

天鵝島散步

天鵝島
地鐵Bir-Hakeim站下車，步行到Bir-Hakeim橋中央
下階梯即可抵達

彩色香頌

克米爾街Rue Cremieux
地鐵Gare de Lyon，介於Rue de Lyon與Rue de Bercy
之間

享樂大道

佛雄 Fauchon
26, Place de la Madeleine 75008 Paris
01 70 39 38 00
週一至週六08h30-20h30

拉法葉百貨 Galeries Lafayette Haussmann
40, Boulevard Haussmann 75009 Paris
01 42 82 34 56
週一至週六09h30-20h00，週四延長至21h00

春天百貨Printemps Haussmann
64, Boulevard Haussmann 75009 Paris
01 45 26 04 97
週一至週六09h35-20h00，週四延長至20h045

勒布列邦咖啡館Café Le Brebant
32, Boulevard Poissonnière 75009 Paris
01 47 70 01 02
週一至週日07h30-05h00

夏提耶餐廳 Le Bouillon Chartier
7, Rue du Faubourg Montmartre 75009 Paris
01 47 70 86 29
週一至週日11h30-00h00

城市咖啡館 Delaville café

34, Boulevard Bonne Nouvelle 75010 Paris
01 48 24 48 09
週一至週日08h30-02h00

黑克斯 Le Grand Rex

1, Boulevard Poissonnière 75002 Paris
01 45 08 93 89
週一至週日10h00-23h00

烘焙記憶

普瓦蘭Poilâne

8, rue du Cherche-midi 75006 Paris
01 45 48 45 69

朱利安麵包店Julien

75, rue Saint-Honoré 75001 Paris
01 42 36 24 83

凱瑟麵包店Eric Kayser

4, rue de l'Echelle 75001 Paris
01 40 15 01 31

Aki

16, rue Sainte-Anne 75001 Paris
01 40 15 63 38

北站三號月台

北站Gare du Nord

18 Rue de Dunkerque, 75010 Paris

印度街

Rue du Faubourg Saint-Denis介於Rue Duekerque與Rue Louis Blanc之間

離不開一區

皇宮廊巷Palais Royal

8 Rue de Montpensier 75001 Paris

磊阿勒商場

Rue Pierre Lescot 75001 Paris

戀人橋

蒼蠅船Bateaux Mouches

Pont de l'Alma 75008 Paris

倒數摩天輪

協和廣場Place de la Concorde

Place de la Concorde 75008 Paris

克里庸飯店Hôtel de Crillon
10, Place de la Concorde 75008 Paris
01 44 71 15 00

聖馬當咖啡館

聖馬當運河Canal Saint-Martin
由地鐵Jacques Bonsergent站下車，步行到河邊即可抵達

總商行Comptoir Général
80 Quai de Jemmapes, 75010 Paris

鵪鶉丘

鵪鶉丘山頂社區
地鐵Corvisat站下，步行即可抵達

小阿爾薩斯村
10 Rue Daviel 75013 Paris

櫻桃時光Le Temps des Cerises
18-20 Rue de la Butte aux Cailles, 75013 Paris

Y角度 016

巴黎人要件

作者　姚筱涵
地圖繪製　姚筱涵
責任編輯　曾敏英
發行人　蔡澤蘋
出版　健行文化出版事業有限公司
台北市105八德路3段12巷57弄40號
電話／02-25776564・傳真／02-25789205
郵政劃撥／0112263-4
九歌文學網　www.chiuko.com.tw
印刷　前進彩藝有限公司
法律顧問　龍躍天律師・蕭雄淋律師・董安丹律師
發行　九歌出版社有限公司
台北市105八德路3段12巷57弄40號
電話／02-25776564・傳真／02-25789205
初版　2016年11月
定價　320元

書號　0201016
ISBN　978-986-93519-5-9

（缺頁、破損或裝訂錯誤，請寄回本公司更換）

國家圖書館出版品預行編目資料

巴黎人要件 / 姚筱涵文.攝影. -- 初版. -- 台北市 : 健行文化出版 : 九歌發行, , 2016.11
面； 公分. -- (Y角度 ; 16)
ISBN 978-986-93519-5-9(平裝)

1.旅遊文學 2.法國巴黎

742.719 105018390